AF607400

http://www.edicionesinvasoras.com
D.L. ZA 137-2024
ISBN: 978-84-18885-47-1

SAL

Una pieza de teatro para guitarra y voz

Finalista del VII Premio Internacional Dramaturgia Invasora

Jose Fernández

Palabras innecesarias

Mario Hernández

¡Que no, Jose! Que yo no quiero hacer un prólogo.

Los prólogos en los libros son molestos, retrasan el auténtico deseo del lector, a veces incluso te quitan las ganas de seguir leyendo. Los prólogos no son preliminares, no son entrantes, no son -buenos- tráilers. Claro que nada de eso arregla una mala película, un nefasto plato principal, un polvo olvidable. Pero ayudan, vaya que si ayudan; a veces, es incluso lo único que acaba mereciendo la pena. ¿Pero los prólogos?

Innecesarios. Total y absolutamente innecesarios.

Imaginemos que vas a ver una obra de teatro. Sí, a veces pasa, alguien nos la recomienda, o sale un actor de la tele, o nos han regalado la entrada, y acabas yendo a ver una obra de teatro. Y te sientas. Ya no te dan el programa de mano, antes había un programa de mano con la ficha técnica, y el cartel, y unos párrafos del director, el autor o alguien que andase por ahí, que podían hacer las veces de prólogo de lo que estaba a punto de comenzar. Pero ya no los dan. Otro ritual que desapareció. Pero nada de sentimentalismos; al lío. Te sientas, decía. Dejas el abrigo (si es invierno, claro, si no, estás aún más despistado de lo que creía) en la butaca de al lado, luego lo quitas porque, claro, la butaca está ocupada, el teatro prácticamente lleno, alguien de la tele tiene que salir en la obra, seguro. Y te lo dejas en el regazo, pasando calor porque, claro, ya no es tiempo de sacar el abrigo, mira que te lo he dicho. Total. Que en el otro asiento a tu lado -vas solo, por supuesto; está la cosa como para encontrar a alguien que te acompañe al teatro. Puf. Casi nada-, se sienta alguien, y te empieza a comer la oreja diciéndote que si la obra es una reinterpretación de no sé cuál clásico en clave tik-tok, que si se aprecia la influencia del teatro luxemburgués de vanguardia, o que los números musicales han sido coreografiados por alguien de alguna edición de "OT" pero no ése que estás pensando, sino otro mucho más alternativo. En fin. Chorradas.

Pues eso es un prólogo.

Y te mata toda la obra de teatro.

Menos mal que lo que Jose ha escrito no es una obra de teatro. Lo que Jose ha decidido compartir contigo y ahora tienes entre las manos es más que una obra de teatro, es un trocito de alma. De su alma. A través de sus páginas vas a descubrir, como pocas veces habrás tenido la suerte de hacerlo, a un ser humano desnudo ante ti en toda su naturalidad. Y no me refiero en persona, no es el caso pero podría serlo, seguro que Jose no tiene problema (es más: sé que no lo tiene), sino en alma. Y en carne. Y en sueños. Es decir, toda aquella materia de la que está formada el ser humano: alma, carne, sueños. Armado de una guitarra y de sus recuerdos, el viaje de éste héroe de a pie ("hoy en día hay que comportarse como un héroe para ser un simple ser humano", que escribió John le Carré), no te va a soltar en ninguna palabra, en ninguna canción, en ninguna emoción. Porque todo ello es algo que has vivido, lector, que vives cada día, que vivirás. Sus emociones son aquellas que te han conmovido en tu propio viaje heroico. Sus palabras, aquellas que no sabías encontrar en ese preciso momento que te levantó o te hundió. Sus canciones, por supuesto, hablan de ti. Porque todos hemos sido, somos, Jose; pero él ha tenido la valentía y el arrojo de hacerlo letra y música, de exponerse ante ti como sólo un buen amigo, un amigo limpio y hondo, es capaz de hacerlo. Porque todos somos, hemos sido, ese héroe que comienza su viaje, que se enfrenta a demonios propios y ajenos, y al final sale "herido y malherido" (Miguel Hernández *dixit*), sí, pero también más completo, más vivo.

Y, además, entre canción y canción, entre historia y sueño y hostia de la vida y vamos a comernos el mundo, tenemos una suerte de radiografía actual, honesta y realista, de este Madrid que nos da la vida y nos mata poco a poco, de estas noches donde todo es posible y esas mañanas apocalípticas hasta que sientes el sol y saboreas la primera caña, este Madrid que se complementa en el viaje del héroe al óleo que se nos pinta de un Sanlúcar de atún y sal, un lugar que si no existiera habría que inventarlo.

Así que, lector, espero de verdad que no estés leyendo estas líneas y estés disfrutando del viaje de Jose, que es, y siempre será, tu viaje.

Ah. Y lo epílogos, ¿qué? Me sube una cosa con los epílogos que me pongo malo.

SAL

Una pieza de teatro para guitarra y voz

A mi hermano Iván
por saber del lugar.

"Y rebusco en la memoria el rincón donde perdí la razón"
Robe Iniesta
Cuarto Movimiento: La realidad
La Ley Innata

"Sal. No te preocupes.
Te lo prometo."

Raymond Carver
Conspiradores
Un sendero nuevo a la cascada

¡Que no, Mario! Que yo no quiero hacer auto ficción. Lo que yo quiero es hacer una obra de teatro. Escribir algo sobre un personaje ficticio al que le pasen las cosas que nosotros queremos decir, ¿no? Además, la auto ficción es género moderno que solo se entiende en Madrid. Tú y yo no hacemos esto para ESTAR en Madrid, lo hacemos para encontrar las raíces. La auto ficción se basa en que uno cuenta su propia historia en el teatro y su experiencia es tan individual que el público empatiza. Tú has visto espectáculos así. Es un acto íntimo. Ya te digo que también es un acto de intimidad escribir una historia. El público tilda de valiente a aquel que es capaz de contar su propia vida. A mí también me lo parece, eh, que conste, pero yo no quiero venir aquí diciendo: hola soy Jose Antonio y os voy a contar mis penas porque con mis penas he escrito una obra de teatro. Así que directamente habéis venido a escuchar mis penas y la verdad...no me parece que eso tenga relación ninguna con el teatro.

Te propongo el viaje del héroe. Todas las historias van de lo mismo: a un tipo le pasan cosas que no puede controlar y tiene que hacer algo para solucionarlo. Mira, por ejemplo, en el Rey León a Simba se le muere el padre de repente. ¿Al final que es lo que quiere? Recuperar su sitio, lo mismo que queremos todos, estar en el sitio que nos corresponde. Pero ¿y si ese sitio no existe? ¿Y si el sitio donde yo quiero estar no me da la gana de contarlo en el teatro? Esto es lo que hace la ficción. Si queremos matar matamos y si queremos amar, lo intentamos.

Primera etapa: EL MUNDO ORDINARIO

Lo primero que tenemos que hace es encontrar un protagonista. Vamos a contar SU historia, así que tendremos también que hablar de, apunta:

1. Su infancia.
2. Sus miedos
3. Sus referentes
4. Sus amigos
5. Sus aventuras
6. Sus logros

¿Estamos? También tendremos que hablar de sexo y de amor, a ver como lo hacemos. ¿De dónde viene este tipo? Pensémoslo con Simba. La primera escena del Rey León ¿te acuerdas? ¿qué? ¿Qué te parece? Precioso, ¿no? Lo que tenemos que encontrar es un lugar precioso donde sucedan cosas preciosas y parezca que nada malo va a ocurrir. Nadie puede saber a dónde va si no sabe de dónde viene. Nuestros pueblos no sirven como ejemplo, no son lo suficientemente pequeños. La pequeñez de un pueblo depende, además, de su mentalidad, no de sus habitantes. Imagina un pueblo muy pequeño. En España o en cualquier sitio. El aire huele a sal, pero no queda claro si tienen mar. De momento no nos importa. Es un pueblo de gente...triste. Bueno no, triste no. Hemos dicho que una comedia. Es un pueblo de gente...que no habla. ¿Te imaginas? Un pueblo lleno de gente que solo mira y observa. Un pueblo donde nadie sabe qué piensa de verdad nadie.

En este pueblo, para celebrar las fiestas, avisan a quien para ellos es alguien extraordinario. Alguien que no solo habla, sino que además canta. Lo han visto en televisión y en internet. Estamos en fiestas ahora, imagínate. El pueblo está esperando a que el invitado actúe; tocará con su banda como todos los años y parece que esta vez trae un homenaje. El escenario está vacío, solo hay una guitarra y un micrófono. Hace calor. No hay murmullo porque nadie sabe hablar. El concierto se está retrasando. En el escenario aparece un hombre alto, habrá que llamar a alguien para que lo interprete. Es el alcalde, o el delegado de fiestas. Se acerca al micrófono y como no habla, niega con la cabeza.

Todos han entendido que el invitado no vendrá. No importa el por qué, saben que no. Así que ahora sí que el pueblo se pone triste, ¿no? ¡NO! Porque es ahora cuando conocemos al protagonista. Es un chaval de unos quince años, tendrá barba, se le ve. Sin que nadie le grite, el chico sube al escenario, coge la guitarra y en un lugar donde nadie habla, él canta.

HOY ME PESA ESTAR CONTIGO

HOY ME ATURDE QUE ME HABLES

QUIERO LEVANTARME TARDE

Y NO ENCONTRARTE EN LOS BOLSILLOS.

HOY ME ASUSTA ESTAR COSIDO

AL FORRO DE TU CHAQUETA

NO TE QUIERO EN LA MALETA

JUNTO A MI ROPA DE ABRIGO.

EL LUGAR A DONDE VOY

ES VERANO PERMANENTE

EN LA CALLE SIEMPRE HAY GENTE

Y NO HAY MÁS DÍA QUE HOY.

EL LUGAR A DONDE VOY
ES DE ENTRADA GRATUITA
VENTE Y HAZME UNA VISITA
APROVECHA QUE NO ESTOY.

Y A ROMPÍ LAS ORACIONES
QUE TE ATABAN A MI LECHO
YA TE SAQUÉ DE MI PECHO
YA TE COMPUSE CANCIONES

NO OLVIDES QUE NO ME OLVIDO
DE LA VIDA QUE ME DISTE
ME ALIMENTASTE DE ALPISTE
ROMPISTE LEYES CONMIGO.

EL LUGAR DE DONDE SOY
ES VERANO PERMANENTE
EN LA CALLE SIEMPRE HAY GENTE
Y AUNQUE LLUEVA NO ME VOY
EL LUGAR DE DONDE SOY
ES DE ENTRADA GRATUITA
VENTE Y HAZME UNA VISITA
APROVECHA QUE NO ESTOY.

Silencio. Todos se miran y no dicen nada. Nadie aplaude. Nadie. Nadie excepto un hombre que será alto también. El chico, que ha venido al concierto con sus padres, no sabe qué decir. No sabe cómo mirarlos, así que decide hablar.

Lo siento. Nunca había hecho esto. En mi habitación sí pero no delante de nadie. Lo siento.

El héroe tiene una cualidad. Tiene una especie de poder y ya sabes lo que conlleva un gran poder. El chico prefiere volver caminando solo a su casa. Decide hacerlo por la playa así que sí, en este pueblo hay mar.

Por la orilla escucha la voz de un hombre.

¡Perdona! Has cantado muy bien. Te he visto nervioso, pero es normal. Es difícil cuando uno se planta delante de los que creen conocerlo y se muestra realmente como es. Me llamo...Aingeru. ¿Y tú?

El chico no sabía que decir porque nunca había tenido una conversación.

¡Momentazo importante, Mario! ¿Cómo se llama el protagonista? No lo necesitamos todavía. Digamos que él dijo su nombre y se dieron las manos.

¿La canción es tuya? (El chico asiente). *No te quiero agobiar. No soy de aquí, como puedes comprobar. Tienes posibilidades, si te apetece salir un poco del pueblo y probar suerte, llámame.*

Segunda etapa: LLAMADA A LA AVENTURA

Tenemos que tener claro lo que no queremos hacer. La escena del manager, porque es un manager ¿no?, paseando por la playa y dándole la tarjeta la he visto seiscientas veces. Tenemos que encontrar algo mejor para la siguiente etapa: llamada a la aventura.

Lo del cazatalentos venía bien para proponerle al chico irse a la ciudad y hacerse un hueco en la industria musical. ¿Sabes lo que pasa? Hemos contado poco del sitio de donde viene. La aldea esa donde la gente no habla. ¿No hablan porque no tienen voz? ¿Por qué no han aprendido? ¿Hablan cuando están en su casa? Yo creo que no lo hacen para no equivocarse. Si no hablas, no te equivocas.

Este muchacho no puede recibir la oportunidad de la noche a la mañana, eso haría creer al público que la vida funciona así que, por azar, un día, todo cambia.

Es así ¿no? Un día la vida te da una hostia y te viste de persona. Yo creo que ESE DÍA es cuando uno se da cuenta de que se va a morir. De verdad te digo que yo quiero escribir es una comedia. El primer contacto con la muerte es fundamental y no tiene por qué ser ninguna tragedia.

(Suenan máquinas recreativas, un hombre juega mientras. Su hijo juega a su lado)

¿Y por qué se ha ido el abuelo?

Porque se ha quedado dormido y ya no se ha despertado.

Si no hablamos claro, cada puta noche de su vida va a pensar que la muerte es eso, un castigo que sucede de un día para otro.

El abuelo se ha muerto.

¿Qué es muerto?

La vida, que es lo que nos pasa todos los días, termina. La gente deja de estar viva. A veces pasa de pronto, como en este caso, otras veces se pone uno malito y se acaba muriendo. La mayoría de las veces, uno se hace muy viejito muy viejito y se le apaga la llama. Eso es lo que pasa la mayor parte de las veces. No hay que pensar mucho en ello porque uno no debe intentar cambiar las cosas que son inevitables. Vamos a rezarle al abuelo. ¿Te apuntas?

¿A rezarle? O sea que estamos hablando de una familia religiosa. Tenemos que decidir si queremos que nuestro protagonista tenga un trauma con la muerte durante toda su vida. Hay que tener claro si vamos a protegerle del sufrimiento y que cuando cumpla treinta años la vida lo reviente por otro lado.

Tercera etapa: EL RECHADO DE LA LLAMADA

Punto uno, ¡imposible que un abuelo se muera en una comedia! No hay manera de calzarlo. Hay que darle al protagonista una posibilidad y que él, por miedo, la rechace. ¿Qué va a rechazar el muchacho? ¿Al representante musical o a la muerte? ¿Se puede rechazar a la muerte?

(El muchacho reza) Por favor Dios mío, que no me muera nunca.

El rechazo de la llamada digamos que es su "aparta de mí este cáliz" ¿no? ¿Qué te parece esto? El muchacho, un día, tendrá que decidir entre la religión o el humanismo. ¡No! ¡Ateo no! Lo de Dios es un tema... ¡cuidado con ese tema! La palabra Dios está tan de matices como la gente que la pronuncia.

(El profesor canta)

TE OFRECEMOS EL PAN

FRUTO DE NUESTRO SUDOR

TE OFRECEMOS EL VINO

DE NUESTRO CAMPO EL MEJOR

PARA TI, SEÑOR,

EL PAN Y EL VINO.

PARA TI, SEÑOR,

EL TRABAJO DE LOS CAMPESINOS.

¿Qué hay antes de Dios?

La fe.

¿Y por qué le cantamos canciones?

Nos hace estar en comunión y agradecerle todo lo que nos ha dado.

¿Tú has ido a ayudar a los niños negritos no, hermano?

Sí, son las fotos que os enseñé ayer.

¿Y no te gustó ninguna mujer?

Yo estoy casado con Dios.

¿Qué significa "crápula"?

¿Cómo? ¿Dónde has visto eso?

Ayer te vi por la calle, llevabas puesta una camiseta y ponía eso: crápula.

Yo te vi con una camiseta del Atlético de Madrid.

Me la regaló mi tío.

A mí también. ¿Te apuntas al coro? Te pareces a mi cuando tenía tu edad. Uno tiene que encontrar el metro cuadrado donde sentirse libre. ¿Lo entiendes?

No.

Algún día lo entenderás. ¿Te la sabes? ¿Empezamos?

Hermano, ¿has compuesto alguna canción a Dios? ¿Alguna que sea tuya?

(El profesor canta)

NO ME MIRES QUE ME MATAS
NO ME MATES QUE ME MUERO
NO ME PONGAS EL SOMBRERO
NI ME ANILLES EN LAS PATAS
NO TE RÍAS QUE ESTE CHISTE
ME LO TOMO MUY EN SERIO
NO ME QUEDARÉ CONTENTO
SI TE VAS SIN DESPEDIRTE
Y ME DA IGUAL
QUE SEA DE MI MEMORIA
O QUE SEA DE CUALQUIER BAR
QUE SEA POR UNA HISTORIA
QUE NO ME PUEDES CONTAR
QUE SEA POR NADA
Y TODO IMPORTE
Y ME DA IGUAL
YO NO TENGO TALENTO
PARA PASARLO MAL
Y NO ME CREO LOS CUENTOS
QUE CUENTAN LOS DEMÁS
EN QUE LO IMPORTANTE
YA NO IMPORTE.

Contemos la verdad. Aquí ¿quién está rechazando la llamada? ¿El profesor o el chaval? Los dos ¿no? Resumida sería:

¿Quieres apuntarte al coro y en el futuro ser alguien como yo?

Aparta de mí este cáliz.

¿Quieres escapar y se lo estás confesando a un niño de diez años?

Aparta de mí este cáliz.

¿Y entonces ya está rechazada llamada? No, Mario, no. No podemos ser unos mentirosos.

Te pareces a Jesús.

¿Sí? ¿Eso crees? ¿En qué?

En el pelo largo y la barba.

Jesús no tocaba la guitarra que supiéramos.

Me gustaría ser como tú.

¿Como yo?

Listo. Tocar la guitarra. Ser buena persona. Ayudar a los demás.

¿Crees que soy buena persona?

Sí.

Tú también lo eres.

Yo a veces hago cosas malas.

¿Sabiendo que son malas?

¿Por qué decidiste hacerte hermano?

Dios me llamó.

¿Vas a ser siempre hermano?

¿Quién sabe? Nos encontraremos por el camino y lo sabremos.

Hermano, no sé qué hacer con nada.

Cuarta etapa: ENCUENTRO CON EL MENTOR

Estamos dejando a medias un montón de cosas, verás cuando nos pongamos a escribir.

Yo no recuerdo haber tenido ningún encuentro con un mentor. Hay gente que me ha influenciado más que otra. Además, eso sería autoficción. A mí no me han educado así. Yo vengo educadito de casa en la filosofía del esfuerzo, no en la magia. Yo soy un *animal laborans*. Mi religión ha sido hacer cosas.

El que quiere puede me lleva rozando en el zapato desde los ocho años.

Vamos a ser concisos, el chico quiere irse. ¿A dónde? Lejos de la aldea. ¿Quiere irse porque no es feliz? No. El chico quiere ir... ¡eso es! El chico es Mowgli, perdón Simba. En esta aldea ha sido feliz, pero sabe que su sitio, y aquí volvemos al principio y ¡por fin enlazamos algo de la historia!, sabe que su hueco está en un lugar desconocido todavía. Un lugar que lo atrae como las luces a las moscas. Más allá del cementerio de elefantes. A Simba lo obligan a huir para que nadie lo acuse de la muerte de su padre, pero él, antes, ya quería irse. El miedo es a lo inevitable.

¿Seguro que no va a venir nadie?

Hace años que no viene nadie. Es la casa antigua de mi abuela.

¿Y esta cama no hace mucho ruido?

Te he dicho que no va a venir nadie, ven aquí conmigo

(Se oye una cerradura)

¿Has escuchado eso?

Vístete.

El muchacho tendrá que hacerse un hombre cuanto antes.

Me encanta haber hecho esto contigo, recordaré para siempre esta primera vez.

El muchacho conoce pronto el amor.

Hoy cumplimos dos meses. Te quiero. ¿tú me quieres?

Y pronto se vuelve ñoño y le rompen el corazón.

Está en su cuarto, no tiene ganas de salir hoy.

Y para huir del dolor hará lo que tenga que hacer.

¿Sabes RON? Das demasiadas explicaciones. Yo no tengo que pedirle permiso a nadie para hacer lo que me dé la gana. Mis padres confían en mí, saben quién soy. Un pendiente o

unas rastas no son un problema. Deberías vestirte como te dé la gana y si quieres ponerte un pendiente, te lo pones y ya está. A los peces muertos se los lleva la corriente. ¿Quieres fumar?

La gente importante no tiene apellidos. Raphael, Miguel Ángel, Jesús. RON. ¿no lo ves?

Ya tenemos preparado al héroe. Se ha comprado ropa que no combina y se va a hacer un agujero en la oreja. ¿Se ha puesto nervioso por hacerse un agujero? Si eso es como la picadura de una avispa.

Es como la picadura de una avispa, no duele nada. ¿Traes la autorización de tus padres?

Sí.

No duele nada, ya verás.

(Se oye una pistola de aire comprimido)

¿Estás bien?

Sí...

Te has desmayado.

¿Por UN agujero? ¿En serio?

Te queda muy bien. ¿Te gusta?

Sí...

¡Pues que se note el entusiasmo! Está preparado y lleva puesta su ridícula nueva armadura para afrontar el viaje.

¿Eso es un pendiente?

...

Contéstame ¿eso es un pendiente?

¿No lo ves?

Qué poca vergüenza tienes.

Este es mi nuevo yo.

¿Y tú nuevo yo tiene esa pinta? ¿El pendientito y las greñitas? Te verás guapo.

Sí....

Pues tú verás, pero pareces el del tren de los escobazos.

Mañana ya no vas a tener que verlo.

Ya lo sé.

Para probar su nueva identidad, el chico empieza a mentir.

¿Tienes hecha la maleta?

No.

¿Y llegas a esta hora?

¿Qué pasa?

Ven conmigo. ¿Qué es esto?

Un porro. No es mío.

Baja la voz. Como te metas en esta mierda vas a acabar mal.

Se lo guardo a un amigo. Yo no soy el que tú te crees.

No, ya, ahora eres EL RON. ¿Bebes mucho?

No, es por el pendiente. Parezco un pirata.

Ten cuidado.

Tranquilo.

Se están despidiendo y se quieren ¿pero por qué no se dicen te quiero? ¿Por qué no podemos utilizar la ficción para que un padre y un hijo se digan que se quieren sin que tenga que ser en el lecho de muerte?

Vale, te lo compro. Le damos al protagonista un asunto por resolver, pero ¿Dónde está el mentor? El padre no es el mentor. El padre nunca es el mentor. Me parece bien que hablemos de esto, pero más tarde. ¿Quién es el mentor entonces? Recapitulemos.

El chico se marcha de casa y se crea una nueva identidad: EL RON. Bien, ¿en qué se diferencia del anterior? Va acompañado de su guitarra y lleva el pelo largo, ahí, bien de cliché. ¿Y sus amigos? ¿Le ayudarán en esta aventura? ¿Es uno de esos amigos los que le ha otorgado la nueva identidad? Seguro. Si queremos contar las cosas bien, tenemos que saber que nadie influye en un adolescente como otro adolescente.

Está a punto de irse, está a punto de cruzar el umbral que lo llevará al nuevo mundo, pero hay una diferencia entre ver la puerta y cruzar la puerta.

Quinta etapa: LA TRAVESÍA DEL PRIMER UMBRAL

Cuando la cruzas, no hay vuelta atrás.

El chico llega a su nueva casa, con una nueva identidad y sin protección. ¿Para qué quiere el chico protección? ¿No se supone que es de lo que huye? Ahora el chico es libre, podríamos terminar aquí. ¿No? NO. Esta es la travesía del PRIMER umbral. El chico tiene que demostrarse que es libre.

(Suena murmullo y música de fiesta)

En esta nueva ciudad hay un río y al otro lado del río están... ¿quién es esta gente? ¿Todos estos son personajes secundarios, Mario? No. Estos son protagonistas de otras historias. Imagina una explanada de albero donde unos adolescentes pretenden encontrar su lugar. Es un sitio extraño.

Ven, que voy a presentarte a mis compañeras.

El chico va acompañado de un amigo, Yago, el amigo que le otorgó su nueva identidad. Su mejor amigo.

Este es el RON.

¿Y por qué te dicen el RON?

Ya nos ha explicado lo del pirata, no nos repitamos.

Es una historia larga. Es por mi abuela.

¡Ha mentido! De acuerdo, ahora es un mentiroso.

¿Quieres otra copa?

En mi pueblo eso no se pregunta.

¿De dónde eres tú?

Whisky con Seven Up. Llegué ayer y hasta el lunes no empiezo las clases. Estudio filosofía, me gusta.

El chico ha vuelto a mentir. ¿Filosofía porque le gusta? Será porque no tiene nota para otra cosa.

Enfermería, aunque quería hacer medicina.

¿Quieres una copa más?

Nos la tomaremos en mi piso. Vamos uno cuantos, ¿te vienes?

Estoy con un Yago.

¿Y dónde está?

Estaba...

Estaba con mi compañera de piso, irá de camino. ¿Vienes tú también?

¿Qué hora es?

No importa. ¿O sí?

Dime la dirección.

¿Vendrás seguro?

Sí.

¡Ahí está! Se supone que antes de cruzar el umbral hay que vencer al guardián. Ella es el cancerbero. ¡Ella es Caronte!

Esto no lo vamos a escribir.

¿Ella es Caronte? Eso es venirse muchísimo arriba. Ella le pone en la mano la decisión y él...

...vuelve a mentir.

Menuda mierda de héroe que hemos creado, Mario. ¿Qué quiere este tío? Ser libre y encontrar su lugar en un nuevo mundo. Se monta una nueva identidad, se hace un agujero en la oreja... ¡se disfraza, vamos! Y cuando le llega la oportunidad, cuando está en su mano ser libre, se caga. ¿Qué clase de persona es esta si ante la posibilidad de ser libre SE CAGA?

El chico se vuelve andando a la que ahora es su casa, donde nadie lo espera. Simba tiene que pasar unos arbustos con espinas para que las hienas no lo maten. ¿Cuáles son las espinas? No conocer la ciudad. Ahora, mientras camina borracho, la ciudad se deforma. El chico respira hondo y ¡zas! No huele a sal.

El muchacho acaba de darse cuenta que no está en casa. Supongamos que se ha perdido. Creía estar al lado de su piso y está en la otra punta de la ciudad.

(Se oyen los bajos de una discoteca cercana)

Un momento, ¿Quién es esta? ¿Es otra guardiana? Debe serlo porque está en la puerta de un local.

¿Dónde vas tan solo?

Me he equivocado. La plaza de El Corte Inglés no está por aquí, ¿no?

¿De qué corte inglés?

¿Hay más de uno?

No eres de aquí, ¿no?

Acabo de llegar.

¿Qué edad tienes?

21.

Qué pequeño eres.

¿Quieres que nos tomemos algo? Te invito.

Y entonces sí. Ahora ya no hay miedo. El muchacho, porque quiere y puede, es libre y, sin mirar el reloj, sabiendo que nadie lo espera y que, en su nueva vida está solo, se adentra en el local.

------------------MUNDO ESPECIAL------------------

Entramos al mundo especial. Aquí bajamos el telón. ¡Sí! Telón. Cambiamos la escenografía y empezamos el segundo acto. El segundo acto empieza con el chico despertándose en la cama de una mujer que no hemos visto antes.

Elipsis temporal. Hemos visto como el chico, bueno, ya el chaval, ha cruzado el primer umbral y se encuentra en mundo donde se adapta poco a poco.

Un jabalí y un suricato le valen a Simba. Este mundo especial tiene que ser opuesto al otro. Ese paraíso del que hablábamos al principio, donde nada malo puede ocurrir, debe de tornarse en lo desconocido.

(El actor se queda en silencio, parece un infarto)

Vamos a empezar a hablar claro, por favor.

(Su acento ha cambiado)

Esto es una putisima mierda. Lo que estáis haciendo con mi historia es una porquería. Está todo blanqueadísimo, vais de honestos, pero estáis contando todo a la mitad. Eso se llama "igualar". Lo igualas todo y nada importa. Pues no, señores, no. En esta vida, en cualquier vida, hay un mundo lleno de días de mierda y de oscuridades que os habéis encargado de olvidar de vuestras propias vidas. ¿Sabéis qué pasa? QUE OS DA VERGÜENZA. ¿Queréis que lo cuente yo? ¿Queréis que cuente como fue la primera que pensé que me moría? Estáis blanqueando mi vida. ¿Con qué carajo de derecho os creéis? Estáis haciendo PORNO.

Ponte ahí y ahora me dices que sabes lo que es el amor.

Ponte aquí y ahora me dices que sabes lo que es el dolor.

Ponte ahí y ahora me dices que sabes lo que es la vida.

¿No contestas? No contestas ¿no? Farsante. ¿No contestas?

No contestas porque no tienes ni puta idea.

¿Quién coño te crees tú para escribir nada sobre nadie?

¿Quién coño te crees tú para decirle a cualquier otro como tiene que comportarse?

¿Tú?

¿Quién eres tú?

Sexta etapa: LOS ALIADOS, LOS ENEMIGOS, LAS PRUEBAS

Lo siento, Mario. Lo siento mucho.

Estoy temblando. ¿Qué pasa? ¿Qué clase de viaje es este?

¡Hola! ¿Hola? Estás ¿ahí?

Ya sabes lo que tienes que hacer.

Etapa seis: aliados, enemigos y pruebas. Encontrar una serie de situaciones donde el chaval, o sea, tú, tenga que superar los obstáculos para llegar al siguiente paso. Saber quién tiene a favor y quien está en contra.

No. Tienes que contar la verdad.

Estoy contando la verdad.

No. Más verdad.

Yo tuve un amigo que me traicionó, un amor que me destrozó y tengo un miedo irracional a la muerte.

Tú y yo no vamos a pelearnos nunca por una mujer; por trabajo a lo mejor. Tú eres la parte creativa de esta relación y yo soy el que te pone los pies en el suelo. Somos como el ying y el yang.

> *Este, el del yin yang, es Yago, el que me puso el apodo de RON. El primer aliado te lo regalo como pista.*

El héroe tiene que asumir una nueva personalidad y entonces recoloca algunas cosas, apunta:

7. Sus valores
8. Sus comportamientos
9. Sus prioridades

Tiene que recolocarlas porque ahora sí forma parte de algo, dc algo intenso. Lo ha conseguido, sí señor. ¡Lo has conseguido! Querer es poder. Ahora tiene un aliado, esta figura se llama heraldo. Zazú, en el rey león. Bueno, vamos a contar la verdad, vamos a olvidarnos del Rey León.

Ahora, este heraldo enseña al protagonista lo que es la vida verdadera, lo que le han enseñado a él. Le enseña lo que es el Carpe Diem y lo acompaña a vivir en la libertad.

RON el dinero está para gastarlo. Si no, ¿qué? Un día te atropella un coche y para qué quieres el dinero.

(Suenan monedas)

Papá, me han dado la beca. Seis mil euros. Me gustaría gestionarlos a mí.

Elipsis temporal.

¿Qué ha pasado con el dinero? ¿Dónde está? ¿Cuáles son esos gastos?

¿Me quieres dejar en paz, padre? ¿Tú ves por qué no quiero venir a casa? Porque mi casa ya es aquella.

Yo me cuido solo. ¿Pero por qué lloras? ¿Qué he hecho? Estoy hablando, no estoy discutiendo. Estoy hablando. ¡Hablando! El fin de semana que viene no vengo.

Y así pasaban meses sin volver. Los días en el mundo especial son eso, especiales y llenarán la maleta de los mejores recuerdos de su vida. Yo también quisiera contar la verdad, pero es que aquellos años no son de verdad. Son consumo. Son libertad positiva. Pero ¿qué aprende el héroe? ¿Qué se aprenden en esos años? Un oficio como mucho.

¿Qué haces aquí? ¿Estás bien? Me he asustado. ¿Por qué vienes sin avisar?

Tengo que contaros una cosa.

¡Ay! ¿Qué pasa?

No es grave, pero...

¡Ay hijo mío! ¿Qué pasa?

Voy a dejar la carrera. Estudiaré cine. El año que viene no habrá beca.

...

¿Qué pasa?

Está todo bien, se hará lo que se pueda. Tienes que hacer lo que tú quieras.

Los padres se han convertido en aliados. Ahora, el chaval, o sea, tú, se apoyará en sus padres para cruzar los siguientes obstáculos.

¡No! No es cierto. ¿Sabes qué pasa? Que te estás empeñando en contar las cosas TAL y COMO fueron y eso no es contar la verdad. La verdad es un diamante, está oculta debajo de una piedra. ¿No querías contar ficción? ¡Cuéntala! Eso será verdad.

Mario, ¿qué hacemos? ¿Metemos cosas en la función que luego no podamos representar? Es un ejercicio de imaginación lo que estamos haciendo. Confiemos en que el espectador no es un bobo. ¿Por qué tenemos que contar la vida de nuestra época?

Este caballo brioso

es del padre de mi padre

que es el suegro de mi madre

y de mi abuela el esposo.

Si estás buscando una casa

yo busco un buen compañero,

pero quisiera primero

comprobar, sin alabanzas

si podemos ser amigos.

Mis padres son posaderos.

Hermanos, no los espero.

Siempre pienso lo que digo.

¿Tocas algún instrumento?

¿Tienes miedo a quedar calvo?

¿Sientes que vives a salvo?

¿Crees que me huele el aliento?

Mis padres mandan comida una vez a la semana. Podemos compartirlo. Estoy buscando un piso cerca de la escuela. Toco la guitarra, sí. No creo que vaya a quedarme calvo. Vivía por el barrio, pero mi antiguo amigo se ha ido a vivir con su novia. Soy el RON.

Compartir, compartiremos.

Para serte muy sincero

lo único que yo quiero

es que nos consideremos

Compañeros. Donde cada

día, cada tarde y noche

sea nuestro caballo y coche.

Alcemos nuestras espadas

en favor de la lealtad.

Porque los buenos amigos

no miran solo su ombligo.

y se dicen la verdad.

¿Tocas algún instrumento?

El laúd. Quiero decir,

lo que puedo definir:

La guitarra del momento.

¿Tocas bien?

Ni por asomo.

Cuatro acordes divertidos

Los acordes compartidos

Son los que... quiero... ¿Cómo?

Hemos cambiado al protagonista. ¿Ahora rima? *El protagonista hará lo que tenga que hacer para integrarse.* ¡Eso es contar la verdad! ¿Qué pasa con ese amigo, Yago? Aparecerá cuando se le llame. Ahora el héroe viste la armadura de su nueva tribu. Ya sé que había dicho que no, pero en el Rey León hay un momento donde Simba está cruzando un tronco encima del río, cantando Timón, Pumba y él. Vemos a Simba de pequeño, luego lo vemos con una cresta y pintilla de golfo y al final, ya como el león que será rey. Muy bien, siempre he querido saber qué le pasa a Simba cuando tiene la cresta. ¿Sabe lo que tiene que hacer cuando tiene delante a otras leonas? Nadie ha enseñado a Simba cómo jugar a la seducción. El héroe, ha recibido una educación sexual y emocional que se reparte entre Disney y la pornografía. Una generación sin referentes reales. Una generación para la que un Hola, es un "esa tía quiere follar conmigo".

Hola. Me llamo Abril.

He quedado esta noche con una tía de la escuela. Me recoge en su coche. Hoy follo.

Séptima etapa: INTERNAMIENTO EN LA CAVERNA MÁS PROFUNDA

Pues fue bastante bien. Estuvimos hablando dentro del coche. Me llevó a un sitio que no conocía. En realidad no está tan buena, pero tiene una conversación que atrapa. No sé yo si vamos a quedar otra vez porque ella tiene un novio.

No convirtamos esto en un culebrón. Se supone, según el viaje del héroe, que estamos en el internamiento en la caverna más profunda. Lo que viene siendo entrar en un meollo gordo. ¿Qué meollo te parece más gordo que una posible historia de amor? Él se encuentra con una chica que no le gusta pero que tiene buena conversación. De verdad...es que somos la hostia. A él le gusta ella por cómo habla... ¿en serio?

Hoy vendrán unos colegas.

Jugaremos a las cartas

y si al final hace falta

y ninguno pone pegas

Pediremos de comer

¿Te apuntas o tienes planes?

Ya sabes que, aunque no ganes,

verás a algunos perder.

He quedado con Abril. Me recoge ahora.

¿Has bajado ya a sus faldas?

¿Has besado a su sonrisa?

No. Me voy que tengo prisa.

¿Su mano tocó tu espalda?

Me voy. Me está esperando.

¿Quién se estará enamorando?

¡Que no me rimes! Nadie se está enamorando. Nadie.

El héroe se está metiendo en la boca del lobo y niega la realidad. Ya le rompieron el corazón cuando era un adolescente ñoño y ese primer amor se traga al posible siguiente amor.

¿Es para mí? Muchas gracias.

Es una recopilación que he grabado para que la tengas en el coche. Se llama DisContigo. Escúchala cuando conduzcas y quieras acordarte de mí sin que lo parezca.

No tengo novio, ¿eh? Él no es mi novio.

A mí me da igual eso. Él si tiene novia ¿no?

Sí.

¿Y su novia eres tú?

Sí.

¿Entonces qué hacemos aquí?

Te llevo a tu casa.

Tengo una propuesta. ¿Y si en lugar de una obra de teatro hacemos una película? ¿Sabes por qué te lo digo? Porque ahora, podríamos poner una música tipo Kevin Johansen y una ráfaga de imágenes de ellos mirándose por los pasillos de la escuela de cine. Una imagen donde nuestro protagonista la ve dándose un beso con su novio y él, para demostrarse que le da igual, busca a cualquier guionista que le dé bola y le canta una canción a la guitarra.

ME GUSTA LA LUZ QUE ENTRA POR LA VENTANA

ME GUSTA EL COLOR QUE TIENEN LAS MAÑANA

ME GUSTA EL SILENCIO Y LAS VOCES DE OTROS

ME GUSTA EL GOTEO CUANDO RIEGO LOS POTOS

ME GUSTA HABLAR SOLO CUANDO ESTOY CON GENTE

ME GUSTA QUE ME DIGAS COMO TE SIENTES

ME GUSTAN LOS MARTES Y LOS QUINCE MINUTOS

QUE ESPERO EN LA PUERTA DEL CINE Y LOS TRUCOS

DE MAGIA.

ME GUSTAN LOS TRUCOS DE MAGIA

ME GUSTA CANTARTE, AUNQUE NO TE HAGA GRACIA

PORQUE ASÍ SOY YO

Y CON ESO BASTA

ME GUSTA QUE TE GUSTEN COSAS QUE ODIO

ME GUSTA QUE NOS ENREDEMOS DE PRONTO
ME GUSTA QUE HABLEMOS, AUNQUE SEA DE NADA
ME GUSTA QUE EL TIEMPO NO PASE EN MI CASA

ME GUSTA QUE SEAMOS LEALES POR SIEMPRE
ME GUSTA SABER POR TUS OJOS QUE MIENTES
ME GUSTAN TUS DIAS, AUNQUE SEPAN A POCO
ME GUSTAN TUS TARDES Y TUS NOCHES TAN LLENAS

DE MAGIA.

ME GUSTAN TUS TARDES DE MAGIA
Y ME GUSTA CUANDO MARCAMOS LAS DISTANCIAS
PORQUE ASÍ SOY YO
Y CON ESO BASTA.

¿Y sabes que estudié filosofía? Ahora la leo por ocio, por hacerme preguntas. La filosofía no da respuestas, ¿sabes? Dice Spinoza, que me gusta a mi mucho... Mario, busca en Google una frase de Spinoza.

(Durante un momento, Mario busca una frase de Spinoza)

¿El deseo es la verdadera esencia del hombre? ¿En serio? ¿En serio nos viene tan bien Spinoza? Pues he dicho Spinoza como podría haber dicho cualquier otro.

Dice Spinoza, que me gusta a mi mucho, que "el deseo es la verdadera esencia del hombre". Siempre he pensado que también de la mujer. ¿Qué piensas tú?

El protagonista es un soberbio en el nuevo mundo. Pues si esto fuera una película podríamos mostrar la ráfaga de imágenes en una fiesta, digamos, de Navidad en la escuela de cine. Nuestro protagonista está con una chica, diferente a la guionista a la que seduce con filosofía y por supuesto diferente a Abril porque Abril está discutiendo con su novio al otro lado de la fiesta. Se están cruzando miradas. Unas miradas que solo pueden verse en el cine. Miradas de "escápate conmigo de esta mierda de sitio". Imaginemos se suelta de la mano de su novio y sale del local. Nuestro protagonista, con la excusa de fumarse un cigarro, sale también.

Abril. ¿Estás bien? No lo parece. ¿Quieres un cigarro?

...

¿Sabes que además de hablar, sé estar en silencio? Yo me fumo esto y me voy a casa. Si te apetece charlar un rato y que se te pase la papa que llevas antes de coger el coche, estás invitada.

El protagonista consigue lo que quiere. ¿Qué es lo que quiere? ¿Acostarse con Abril? No. Bueno, sí, si quiere, pero como él imagina que tiene que ser. Nuestro protagonista quiere demostrarse que sí, que ese "hola" significa "quiero follar". Nuestro protagonista solo tiene dos opciones, lo ponemos en un dilema. Ser el príncipe azul o el actor porno. Es lamentable.

Anoche cuando llegaste

Venías bien acompañado

Siento haberte despertado.

No hay problema. ¿Disfrutaste?

Hemos quedado de nuevo.

No digas que no te gusta.

Un poco sí que me asusta.

Pues ahora lo tienes a huevo.

No quiero ninguna novia.

¿Por qué? ¿De qué tienes miedo?

Pues que ni quiero ni puedo.

¿Pero qué es lo que te agobia?

¿Qué es lo que lo agobia Mario? Le agobia el dolor, por supuesto. A todos nos agobia el dolor del amor.

Me arrepiento de lo que pasó el otro día. No tengo novio, pero aun así debería guardar cierto respeto. No debería estar aquí, sino con él. El problema es que quiero estar aquí contigo.

Cuando nuestro héroe se ve interpretando el papel del príncipe azul, se acojona. Lo han desarmado. Su compañero el rimador lo anima a que se enamore. Mario, una vez escuché que no hay que recibir consejos de nadie que no saque nada en su favor si tú consigues lo que quieres. Por eso el héroe no escucha a su compañero. Su compañero está ansioso de amor. Es ahora cuando aparece Yago desde el balcón de su castillo.

RON esa tía quiere cazarte. Tiene un novio por ahí y está jugando contigo. Tú folla y ya está. Si se está enamorando es su problema, no el tuyo. Eso sí, déjale claro que no quieres nada más. A ti esa tía no te gusta.

Nuestro héroe tiene que ser sincero y decir la verdad.

Estoy acojonado. Te miro, nos veo aquí escuchando música y hablando hasta que se nos gasta la saliva y me tiemblan las piernas. ¿Sabes qué pasa? Que no me han educado en el amor. Me han educado en el romanticismo estúpido y ese romanticismo, según me han enseñado, es lo contrario a la libertad. Y es que yo quiero ser libre ¿me estoy explicando? Quiero ser libre y nadie me ha enseñado que puedo serlo contigo.

...

¿Por qué me miras así?

¿Así cómo?

Te has montado en el coche y no has dicho nada en todo el camino. ¿Qué hay en ese infinito? ¿Qué te pasa? ¿Por qué me miras así?

No te miro de ninguna forma, solo te miro.

Lo he dejado.

Abril, creo que deberíamos dejar de vernos. Esto está muy bien, ha estado bien, pero ¿sabes? Creo que, en este tiempo tan corto, ya nos conocemos. Creo que nos hemos enseñado lo que somos, hemos compartido cama, pero no tenemos mucho más que aportarnos. Creo que ya te conozco. ¿Me llevas a casa, por favor?

Mario, en esta etapa el héroe es un gilipollas. Está haciendo caso a todo el mundo menos a sí mismo. Tenemos a los aliados: Yago, el compañero rimador y Abril. Enemigos: sus padres y el novio de Abril. Tenemos las pruebas: la gestión del Carpe Diem, el contacto con el amor y el sexo. La siguiente etapa es el Calvario, la odisea. No es suficiente la historia de amor y menos si él ha decidido parar. Será mejor hacer una película porque ahora lo que nos interesa es una buena hostia. ¿Cómo podría ser esa hostia? Supongamos que estamos en el cine, otra ráfaga de imágenes. Las mismas imágenes de antes, pero esta vez, en lugar de contar el enamoramiento contamos el desamor. En esto sí que voy a ponerle algo mío al personaje, vamos a decir que uno solo quiere lo que no tiene. Ahora que ella está con otro chico ¿qué le pasa al protagonista?

Se te ve contenta. Me alegro mucho. ¿estás enamorada? No lo parece.

La escuela acaba.

Que buen rato hemos pasado

cada vez que en el sofá

nos hacíamos de cenar

y acabábamos doblados.

Has sido un buen compañero,

Un amigo, un confidente.

Has pasado de ser gente

a ser gente a la que quiero.

Nos veremos pronto ¿no?

Seguro en algún momento.

Somos de tierra de viento.

Yo también te quiero. Adiós.

Ahora el héroe vuelve a quedarse solo. Ya no tiene nada que hacer en el mundo especial pero no olvidemos una cosa, Mario, estamos entrando en la caverna más profunda, lo que estamos contando es que el héroe está perdido en un lugar que creía suyo. El protagonista sueña que hay otros lugares y los sueña, siempre, mientras camina. Esta vez, no está andando junto a la playa porque en este mundo, como ya sabemos, no huele a sal. El héroe anda junto al río cuando oye una voz.

Perdona. ¿Te acuerdas de mí?

Claro, Aingeru.

Has crecido mucho. ¿sigues dándole a la guitarra?

Es un hobby. Finalmente estudié filosofía y luego cine. Así que básicamente no sé hacer nada.

Ya te dije que tenías posibilidades, pero no me llamaste.

No te llamé, pero vine. Salí del pueblo. Estoy aquí.

Este no es el lugar. Hay un sitio más allá, tras las montañas. Si te interesa... ¿conservas mi tarjeta?

Sí.

Pues llámame.

¿El cazatalentos? Mario, ¿el cazatalentos? En el fondo, el héroe sabe que hay un sitio más allá, un lugar que solo ha visto en televisión. Un lugar que le atrae como la luz atrae a las moscas.

Me voy lejos. Necesito encontrar el lugar ese donde es verano permanente. Volveré en algún momento. No me voy solo. El viaje será largo, pero estoy seguro que es allí donde tengo que ir.

El protagonista se despide de nuevo. Se arma de valor y de nuevo con su guitarra, su heraldo y su agujero en la oreja se marcha a un sitio más grande. ¿Y qué pasa con ella?

¿Está Abril? Nada, soy el RON. Era para que le dijeras que voy a sacarme el carnet y que me mudo. ¿Ah, también? ¿Y dónde? Qué casualidad. Entonces no le digas nada, que seguro nos veremos allí.

Octava etapa: LA ODISEA

Mario, tenemos que matar al protagonista. La muerte y resurrección le dará a nuestro héroe un nuevo punto de partida. Matarlo es fácil. *(Se oye un accidente de tráfico)*

El protagonista está sacándose el carnet de conducir, cuando un Mercedes Blanco se le cruza y le obliga a dar un volantazo. El coche de la autoescuela da dos vueltas de campana, queda en el arcén y con esto podríamos terminar.

En la vida siempre hay un momento donde tenemos que enfrentarnos a nuestros mayores miedos. En la vida del protagonista ocurre lo mismo, ¿a qué tiene que enfrentarse nuestro héroe? A la muerte. En nuestra película podemos ver como el protagonista se recupera poco a poco en el hospital, pierde la capacidad de andar y tras luchar con la muerte, consigue salir adelante. La imagen de los familiares alrededor de la cama, la reacción ante la llamada, el llanto... todos los ingredientes que necesitamos para una buena comedia. Mario, no, no y no. Esto es un fracaso. Nuestro héroe no está en peligro, ¿qué le pasa? Va a mudarse de ciudad otra vez. ¿Y qué? ¿Qué peligro tiene eso? Podemos hacer una cosa, podemos hacer un coctel de pasado y verterlo en el presente. Tenemos al heraldo y a su novia. Todos deberán ser de la misma edad y todos serán protagonistas de sus propias historias así que supongamos que todos quieren cambiar, a la vez, de ciudad y deciden irse a vivir juntos.

NO, YO NO SE SI ESTO VA AQUÍ

YO NO SE SI ES SU LUGAR

NO SE SI AQUÍ ESTÁ MAL

NO, DENTRO YA NO CABE MÁS

VOY A TENER QUE ELEGIR

LO QUE ME VOY A LLEVAR.

(Fa Sol Do Lam)

LO QUE ME VOY A LLEVAR

A UN CAMBIO DE CIUDAD

METER EN UNA MALETA

LO QUE PUEDA Y MÁS

CAMBIO DE ASPECTO

PERO AÚN HAY COSAS

QUE NO VAN A CAMBIAR.

NO CAMBIARÁN LOS MOMENTOS

QUE PASAMOS EN INVIERNO

NO VA A CAMBIAR EL LENGUAJE

DE NUESTRA VERDAD

NO VAN A CAMBIAR LAS BROMAS
NI VAN A CAMBIAR PERSONAS
SOLO CAMBIA LA CIUDAD
NO CAMBIARÁN LOS DETALLES
SOLO EL NOMBRE DE LAS CALLES
NO VAN A CAMBIAR LAS NOCHES
DE HUMO Y HABLAR
NO VAN A CAMBIAR MAÑANAS
DE CAFELITO Y TOSTADAS
SOLO CAMBIA LA CIUDAD.

RON si quieres vivir aquí esto es lo que cuesta. Si no, tendrás que plantearte volver al pueblo. He hablado con mi padre y me va a echar una mano hasta que pueda tirar yo solo. Búscate un trabajo.

Y nuestro héroe se pone la armadura, se calza un delantal y a servir cervezas y desayunos. ¡Un gran peligro, Mario! Se puede cortar con un vaso. Tiene que pasar el tiempo. ¿Qué le ocurre a esta ciudad nueva? La gente ni mira ni habla. ¿Te imaginas? Un lugar donde todo el mundo, como en una novela futurista, va por la calle sin cruzar miradas ni hablar. Pueden mirarse, pero no lo hacen. Pueden hablarse, pero no lo hacen. Este lugar está lleno de gente de todas partes, de héroes que están andando en sus propias historias. ¿Qué ocurre cuando un personaje que está a punto de entrar en su odisea, se encuentra con otro a punto de rechazar la llamada?

Lo tuyo entonces serían, dos cañas, media de bravas...luego tengo apuntadas aquí dos dobles más y dos chupitos. ¿Es eso? Quince euros, a los chupitos invitan la casa. Gracias. ¿Qué te pongo a ti?

A mi mejor que me atienda el otro camarero.

¿Qué le pongo caballero?

Te he dicho que mejor el otro. Quiero una cerveza bien tirada. No sé en tu pueblo o de donde seas, pero aquí, en este lugar, las cervezas son las mejores del mundo. Dile a tu compañero que me ponga una cerveza, anda.

Caballero, no tiene usted que tratarme así. Lo siento, pero no le voy a atender.

Ponme una caña o aviso a tu jefe.

Vale. Serían dos euros.

Me parece que no. Que a esta me invitas tú.

Y se calla como un cobarde. De camino a casa, en esta nueva ciudad, pasa por lugares que no conoce. Las gentes de este sitio, cuando llega la noche, nunca duermen. Es la primera vez que nuestro héroe se enfrenta a la noche por frustración. Entra en un local y conoce a una chica. Luego otra noche, conoce a otra chica. Un día, gracias a la frustración, vuelve al mismo local y conoce a otra chica más. Así, durante varios meses, chica tras chica, mujer tras mujer, conversación sobre Spinoza tras conversación de Spinoza, nuestro héroe se transforma en noctambulo. Ni duerme mientras sea prescindible, ni mira cuando nadie lo observa, ni habla si no es para conseguir algo. Esta vez, es él, quien en la puerta de un local encuentra a una chica.

¿Dónde vas tan sola? ¿Te has perdido?

Pero ¿tú eres imbécil, o qué?

Tienes razón. Ha sido una frase de imbécil. Perdona, vuelve un segundo. Soy un idiota, lo siento. ¿Quieres que nos tomemos algo?

No.

Al día siguiente.

Hola.

¿Otra vez tú aquí?

Vengo mucho. ¿Quieres que nos tomemos algo?

No.

Hasta mañana.

Y durante unos días más, en la puerta del mismo garito.

Hola.

Hola.

No lo voy a intentar más. La primera vez me comporté como un imbécil, luego he sido educado. Si sigo esperándote cada día en la puerta del local, voy a convertirme en un acosador.

Vivo aquí cerca, por eso paso todos los días.

Ya me imaginaba. ¿Te apetece que nos conozcamos? ¿Nos damos un paseo? ¿Tomamos algo?

No.

De acuerdo entonces.

Compra unas latas y sube a casa. Nos las tomaremos arriba.

Y entonces ¡boom! En pantalla grande y con música electrónica vemos una escena de sexo. Será difícil rodar una escena de amor entre latas de Mahou, pero no va a ser lo más difícil. Desde ese momento, cada día, durante las siguientes semanas, ella iba a visitarlo a la cafetería. Le gustaba sentarse a verlo trabajar y a él le gustaba como ella lo miraba. Luego salían de la mano, se iban a cenar y follaban como auténticas bestias. Sí Mario, como auténticas bestias. La historia la voy a escribir yo y la voy a interpretar yo. Así que sí, el protagonista va a follar como un jugador de futbol americano con alma de bailarín de tango.

RON pues a mi esta tía no me gusta para ti. Tráela a cenar un día a casa y la conocemos, pero vamos, es más pequeña que tú y en cualquier momento va a coger la puerta y se va a volver a su pueblo. La gente no es como nosotros, que llevamos juntos toda la vida y sabemos que estamos en el mismo equipo. ¿Has pagado tú la cena o ella?

La hemos pagado a medias.

A medias no se pagan las cosas, RON. Pareces nuevo.

Es que no tengo yo dinero para ir invitando tampoco.

Por eso te digo, si alguien no es capaz de ver eso. ¿Qué haces con ella?

¿Entonces la dejo?

Haz lo que quieras tú, no te voy a decir yo lo que tienes que hacer. Bastante tengo yo con lo del piso nuevo.

¿Te vas? ¿No habíamos dicho de renovar un año más?

No. Te dije que, a lo mejor, pero hemos encontrado un piso aquí al lado para dos y tenemos ganas de estar solos otra vez.

Otra vez, claro, normal.

Nuestro protagonista es imbécil o nosotros nos estamos repitiendo. ¿Esto no ha pasado antes? Este heraldo no es Sancho Panza, eh. Le cambia la identidad, se marcha del pueblo con él, pero luego lo abandona. Se agarra a su mano para volver a cambiar de lugar, pero luego, vuelve a abandonarlo. Parece que lo ama y lo envidia a partes iguales.

¿Quieres que nos vayamos a vivir juntos?

¿Es esta la ODISEA, Mario? El protagonista se está enamorando. Hacía más de una década que no sentía el mariposeo y tenía ganas de tirarse al vacío. Acepta.

Acepta que se ha enamorado y acepta que ese nuevo mundo tan extraño donde ha ido a parar, va a convertirse en su casa.

¡Qué valiente! ¡Qué valiente! Lo digo en serio. El compromiso es un lugar desconocido, un terreno parecido al de la lealtad, pero distinto. Renunciar al YO y encontrar ese YO en la otra persona. Es complejo esto del amor, Mario. No sé si quiero hablar de esto. En realidad, yo no sé nada sobre el amor. Sé lo que leo y lo que veo. Nuestro héroe se ha camuflado en este nuevo mundo. Está negando sus raíces y ocupando el papel que lleva deseando toda la vida: ser listo. Hace todo lo que se supone que los listos tienen que hacer.

Leer para decir: he leído. Ver para decir: he visto. Amar para decir: he amado. Follar para decir: he follado.

Y así, si dice que lo ha hecho y además lo ha hecho, aunque no sea listo, lo será a ojos de otros, que al final es para lo único que uno intenta ser listo: para parecerlo. Por el camino, uno aprende algunas cosas, las suficientes para darse cuenta que es mejor no ser listo sino estar tranquilo, pero eso sucede más tarde. Ser listo es lo único que le ha permitido integrarse fuera del pueblo. Y ahora, sin tener ni puta idea de lo que es el amor, da lecciones sobre amor.

Es importante que cada uno tenga su espacio. Yo me levanto muy temprano y ya estoy haciendo cosas. El amor es eso, no atar. Si atas, me escapo.

¿Eso es que me vas a dejar en cualquier momento?

No me digas eso. Acabamos de mudarnos juntos, llevamos saliendo dos años. Espero que no tengas dudas. Lo único que te digo es que tu felicidad no dependa de mí. Creo que tenemos que tener claro que cualquier persona puede cruzarse en cualquier momento. Yo estoy enamorado de ti pero tengo sensaciones con otra gente. Nunca hago nada, pero la verdad es que estoy reprimiendo un instinto. ¿Me entiendes?

Sí. Claro. Una cosa es ir buscando algo y otra cosa es tropezarte.

Exacto. Me alegro que pensemos lo mismo.

Mario, ¡miedo al compromiso se llama esto! No es lo que toca ahora. Un umbral detrás de otro ¿no? Se supone que de eso va la vida y es una vida lo que queremos contar. Queremos decir la verdad y queremos decirla sin que ningún personaje del tres al cuarto venga a decirnos cómo tenemos que escribir su historia.

(Suena un teléfono móvil)

¿Qué pasa, qué sorpresa? Sí, claro, yo sigo viviendo aquí. Me acabo de mudar ahora con...ah, ¿ya te has enterado? Me alegro mucho. Claro, podemos vernos. Estoy viviendo ahora cerca de una estación de metro. ¿Por qué no te vienes a casa y así...? Vale. ¿Me mandas ahora la dirección? Sí, vale. Esta tarde estoy allí. Un beso grande.

¿Quién era?

Abril. Una amiga de la escuela.

¿La que fue tu novia?

Nunca hemos sido novios. ¿Te preocupa que quede con ella?

Para nada.

Solo los amores antiguos compiten con los amores presentes, Mario. Ningún personaje es consciente que ha cambiado él y los que lo rodean. Ningún personaje es capaz de ver que el tiempo pasa para todos porque el tiempo es un grandísimo hijo de la gran puta.

Tengo una relación abierta.

¿Y eso qué quiere decir?

Que tanto ella como yo creemos en un tipo de amor que no se base en las ataduras. En realidad, podemos estar con quien queramos si mantenemos el respeto.

¿Ah sí? Vaya, ¿quién lo diría? Pues yo tengo un proyecto nuevo. Es un hombre mayor que yo, divorciado. Nos hemos encontrado en el camino y la verdad es que ¿qué quieres que te diga? Su forma de tratar los problemas, me enamora. Las cosas se solucionan en casa. Me ha dicho de irnos a vivir juntos, llevamos saliendo un par de meses, pero voy a decirle

que sí. Da igual si es mucho o es poco. Quiero hacerlo. Me gustaría que nos siguiéramos viendo.

¿Tú y yo? Por supuesto. Cuando quieras.

No va a pasar nada entre nosotros. ¿Eso lo tienes claro?

Clarinete.

Entonces nuestro héroe, por ego, empieza a hacer el gilipollas. Su casa y su novia, a la que cree seguir amando, son únicamente un trámite, una costumbre. El héroe ha cambiado su forma de relacionarse.

Tengo una relación abierta. Hola ¿qué tal? Tengo una relación abierta. Abierta, sí. Abierta en un sentido relación abierta. ¿Sabes? Pues abierta, eso quiere decir.

Te amo. Nos veo en el futuro adoptando a un niño. Uno nuestro y otro adoptado.

Abierta, sí. Desde hace un tiempo. Yo he estado con unas cuantas mujeres y entiendo que ella también ha estado con otros hombres. No nos lo preguntamos, pero somos sinceros.

No tengo ganas de follar, ¿no te das cuenta? ¿Tiene que ser cuando tú quieras? Podrías estar un poco atenta a lo que necesito yo. ¿No?

Hace un año, por lo menos. Abierta, sí. Yo no tengo la sensación de ser infiel, eres tú la que me has traído a tu casa. ¿Tú novio sabe esto? No deberías...bueno, haz lo que quieras, pero creo que las cosas son mejor hablarlas.

Hemos quedado esta noche con esta gente. ¿Te vienes?

¿Quién es "esta gente", Mario? Se están cruzando las historias. ¡Se están uniendo las historias! Mario, parece que le estamos dando sentido. Han pasado unos meses desde que el héroe no es que esté engañando a su novia, sino que se está engañando él mismo. Esto está bien, tenemos al enemigo en casa. La siguiente escena, ya veremos cómo contamos el paso del tiempo, es en verano. Una casa cerca de la playa. Nuestro héroe y su heraldo se van de vacaciones juntos cerca del mar, pero no del mar que les une, sino de otro. Es una ficción dentro de su ficción, se sienten en casa sin estar en casa. Los acompañan sus novias que no son precisamente amigas.

Se lo pasan muy bien los cuatro juntos.

(Suena música cubana)

Se bañan en la piscina, bajan a la playa, comen juntos, juegan a juegos de mesa, cantan con la guitarra, bailan y ven un amanecer tras otro, tras otro, tras otro. Se llevan muy bien los cuatro cuando están juntos. Hablan del poliamor, de las relaciones y del compromiso. Nuestro héroe lleva casi tres años en esta relación, su heraldo casi diez. Entre ellos más de quince. Crean juntos un lugar donde quitarse las máscaras. Crean un espacio de tranquilidad. Lo tienen todo planteado, la comida, las fiestas, las playas, los horarios, las idas y las vueltas. Entre ellos tienen incluso planteado los cambios de vida que vendrán. Siempre juntos por supuesto.

Necesito un cambio, RON. Después de todos estos años fuera, hemos conseguido lo que nos propusimos, integrarnos en el nuevo mundo. Tenemos nuestro hueco, cierta estabilidad y proyectos, pero...

¿Pero qué?

No sé, necesito un cambio.

¿Un cambio cómo? ¿De trabajo?

Un giro de los acontecimientos, que algo suceda.

Las cosas están en constante cambio, cambiarán, no te preocupes. Me voy a meter en la cama.

Quédate un rato más, por favor.

Vale. Que todo cambie, Yago, mientras tú y yo mantenemos la constante.

Cuando vuelven a casa, huele diferente. Se han marchitado los rosales. En los siguientes meses, la relación se distancia. ¿Qué les pasa a las parejas cuando notan que se están distanciando, Mario? ¡Exacto! Tienen un hijo. ¿Tenemos que meternos en ese embolado? ¿Hablamos de cómo unos jóvenes le arruinan la vida a una criatura por puro aburrimiento? No. Es una comedia. Estos jóvenes se van a IKEA. Cuantas más cosas haya en la casa, menos parece que se estén separando.

Deberíamos comprar una estantería pequeñita para los libros de historia. Los tengo medio amontonados. ¿Te parece?

Sí.

Me encantaría que nos mudáramos a una casa con terraza. Así cuando vengan esta gente no tenemos que estar en el salón.

Sí, estaría bien.

¿Estás bien?

Ya no me lo paso bien con ellos. Estamos estancados, ¿no te parece?

No te lo pasas bien. Yo sí.

Claro, es tu amigo desde la infancia. Para mí los días son repetidos, son todos iguales. Incluso en las vacaciones hemos hecho lo mismo que hacemos cualquier día que nos vemos, pero en otra casa. La verdad es que supuse que después de tantos años y las conversaciones que estábamos teniendo, acabaríamos follando los cuatro cuando estuvimos en la playa. Me parecía lo lógico.

Un momento, Mario. Para, mira debajo de la mesa. ¿No huele raro? Vamos a parar un momento. Has pisado algo, mírate los zapatos. Yo no. ¿A qué huele? No soy yo. No eres tú. No tiene más remedio que ser la historia.

(Unas llaves abren la puerta)

Hola. ¿Estás acostada ya? Que temprano. ¿Has cenado?

No voy a cenar. Me voy a meter en la cama.

¿Estás bien? ¿Te pasa algo?

...

No me lo cuentes si no quieres. Ya me lo contarás cuando lo necesites. Aquí me tienes.

...

¿Estás bien?

Creo que no quiero más esto. Esto. Lo que tenemos. Nuestra relación.

...

Creo que me he enamorado de otro. Me he enamorado de Yago.

...

A él le pasa lo mismo. Hemos hablado.

...

Lo siento.

Ya sé qué era el olor, Mario. Huele a muerto. Acabamos de matar al protagonista.

Novena etapa: LA RECOMPENSA

ANDAR,

UN PIE DESPUÉS DEL OTRO

DEJANDO ATRÁS LA FOTO

DEL MOMENTO Y EL MOTIVO

POR EL QUE ROMPÍ LAS ALAS DEL AMOR

ANDAR,

DESPACITO Y EN SILENCIO

A FAVOR O A CONTRA VIENTO

PARA LLEGAR A SANTIAGO

A LA MECA, O AL DOLOR DEL CORAZÓN.

VIVIR,

Y NO ESTAR EN MOVIMIENTO

ENTUMECE LOS SENTIDOS

CIERRA LAS PUERTAS DEL NIDO

LO QUE ESTÁ QUIETO ESTÁ MUERTO.

YO MIDO MIS PENAS EN KILÓMETROS

MIDO MIS RECUERDOS EN MUDANZAS

MIDO LAS ESPERAS EN PASODOBLES

DE JUAN CARLOS ARAGÓN

MIDO MIS CARICIAS EN TU OLOR.

Estoy bien.

Es extraño, Mario. El héroe se ha metido en un marrón que nada tiene que ver con lo que planteamos para él. ¿Esta historia no iba de un chaval que salía de su pueblo para encontrar su lugar? ¿Por qué le hacemos esto? Es por puta mentalidad cristiana que tenemos en vena donde el sufrimiento genera redención como en Crimen y Castigo. Se supone que en esta etapa, el héroe adquiere el conocimiento que le va a hacer emprender el camino de regreso. Simba... sí, Simba, cuando el mono lo llama y le dice que se mire en el lago y le dice eso de "él vive en ti". Todo lo que Simba estaba buscando, lo encuentra dentro de sí mismo. Un poco hippie ¿no, Mario? En los manuales hablan de una escena, metafórica, alrededor de una hoguera, donde los aliados están junto al héroe, escuchando su historia. Nuestro héroe canta con la guitarra como hemos visto, pero ¿quién está a su lado? Está Abril, está su compañero el rimador, está su primer amor y además hay gente nueva. Hay una chica que lo mira. Ya se conocían. Se odiaban, no sé por qué está ahí. Es muy extraño este mundo especial.

No entiendo por qué hace esto

sois amigos de la infancia.

O es por pura ignorancia

o de verdad no lo entiendo.

Estoy bien, no te preocupes.

Aquí estamos tus amigos.

Nos quedaremos contigo.

Los llamé en cuanto lo supe.

Voy a salir a fumar.

Hay que tenderle una mano.

Un amigo y un hermano

son complejos de olvidar.

¿Me das uno?

Siento mucho que te estés comiendo esto, Abril.

No me lo estoy comiendo. Tenía que estar aquí, contigo. Me enteré ayer y no he podido dormir en toda la noche pensando en cómo ibas a estar. Cuando me enteré nos lo tomamos a broma, pensando que era imposible. Luego cuando empezamos a pensar que a lo mejor era cierto, nos calló la ficha. ¿Cómo estás?

Es raro, pero estoy bien.

¿Has hablado en él o con ella?

No. Todavía tengo que ir a recoger las cosas de la casa y encontrar un piso nuevo. Las cosas por orden, Abril. Me siento como liberado.

No tengas prisa.

Estoy bien. El resto de las cosas de la vida me van bien, no voy a dejar que esto lo contamine todo.

Pero estoy es muy gordo.

Pero es, así que habrá que gestionarlo.

¿Has llorado?

No mucho. Estoy intentando entenderlo y no creo que sea el camino. No se puede entender. Algún día lo escribiré y le encontraré sentido. Ahora tengo que encargarme de una mudanza.

¿Sabes que me tienes aquí?

¿Qué pasa cuando los héroes se niegan a aprender lo que sus historias les ofrecen? Búscalo. Pues que acaban aprendiendo a palos ¿no? O te enteras o te enteras. Aparta de mí este cáliz. ¡Y una mierda! Ahora te vas a enterar de lo que es bueno, chaval. Ahora en una ráfaga de imágenes vemos como al tipo le cuesta dormir. Se levanta en mitad de la noche. Se muda a una nueva casa donde, como en su pueblo, nadie habla. El héroe empieza a sembrar macetas, a acostarse muy tarde y a caer en la nocturnidad, como cuando era un adolescente. Un día vemos como se hace una tortilla de patatas. Cuidadosamente bate los huevos, pocha las patatas con un poco de cebollita. Lo mezcla, pone a calentar la sartén. En esta nueva casa hay fuego, no como en las otras que había una puerca vitrocerámica. Es la primera tortilla de su nueva vida. La sartén ya está caliente y vuelca la masa de patatas empapadas en huevo. Huevos buenos ha comprado, del cero, de las gallinas más felices de todo el mundo especial. En la sartén con aceite de oliva virgen, el burbujeo y el olor le hacen sentirse en casa. Una vez más el héroe se ha adaptado a las circunstancias y encuentra de nuevo su sitio. Mientras espera para darle la primera vuelta se pone algo de música. ¿Dónde está el altavoz en esta casa? ¿No tienen un altavoz para la cocina? Él recuerda que tiene uno, pero ¿en qué caja está? En la de los cables, seguro. Mario. ¿No huele a quemado?

¡Me cago en mi puta vida! ¡Me cago en mi puta madre y en todos mis muertos! ¡Qué puta mierda de sartén y de fuego! ¿NO hay un puto altavoz en esta casa? Me cago en Dios, me cago en Dios. Esta casa es una mierda. Esta no es mi casa, coño. Yo tenía una casa y una novia. Yo tenía un amigo. Yo tenía una vida y ahora, ahora qué coño hago.

Y ahora sí. El protagonista ha aprendido que está solo.

Etapa diez: EL CAMINO DE REGRESO

Tercer acto. ¿Hueles eso? No es la tortilla quemada, sino el final. Empezamos la cuenta atrás, Mario. Ahora, te lo pido por favor, tenemos que concentrarnos. Te pido por favor que nos dejemos de mierdas y de reyleonadas y nos centremos en el muchacho que todavía no tiene ni nombre. Ni nombre tiene, Mario y lo hemos mudado de casa seis veces. ¿Qué es lo que pone este tipo en el contrato de arrendamiento? ¿De una parte "Héroe" en adelante el ARRENDATARIO? Tenemos que buscarle un nombre, aunque no sea importante ahora, pero cuando escribamos esto necesitaremos un nombre.

El camino de regreso, viene ahora. Aquí tenemos un marrón gordo que a la vez es la madre del cordero. ¿Dónde regresa? ¿Tiene un sitio donde volver? En este tercer acto, no podemos olvidarnos de hablar de, apunta:

10. Su identidad
11. Sus raíces

12. Su futuro
13. Su generación
14.

No sé cómo se habla de esto, Mario. Ya todo lo que escriba desde aquí será inventarme una vida que no sé cómo se desarrolla. Ojalá el muchacho tenga suerte y se enamore de nuevo, las cosas le vayan bien y se identifique con la vida que le ha tocado vivir. Ojalá encuentre su lugar. Es eso lo que lleva buscando desde el principio de la historia.

Nuestro héroe camina. Camina mucho para sentirse vivo. Este mundo especial es enorme y le da la posibilidad de andar por todas partes. Anda y se da cuenta que no es él quien da la orden a sus pies para que se muevan. Sus pies van solos y avanzan como avanza la vida. Si hacemos la película, Mario, él héroe puede ser perseguido por el villano, pero hemos quedado que el villano es él mismo. ¿De qué huye y a dónde huye?

Pues la verdad es que la separación me ha sentado de puta madre. Estoy triste pero la tristeza es una cosa muy curiosa, te hace sentirte vivo. Estoy trabajando, ahora no tengo que dar explicaciones y la verdad es que espero que les vaya muy bien. Sí, me mudo con un amigo. He pasado por casa de unas desconocidas que tenían unas sartenes de mierda, pero la vida empieza de nuevo y bueno, hay que afrontarla. He conocido a alguien, bueno...conocido no. Ya la conocía desde hace tiempo pero la vida... y bueno, estamos bien. Por supuesto no somos novios, yo no quiero una pareja ahora ni de coña, pero bueno, la vida te lo pone por delante y hay que cogerlo, ¿no?

El héroe está huyendo de la realidad, Mario. ¿Este tipo no va a llorar o qué le pasa? Él sigue pensando eso de "el que quiere puede" y cree que puede evitar el dolor. Cree que puede seguir en la vida sin afrontar la pérdida ni la pena. Esta es la mierda que le han enseñado, todo saldrá bien, pon la otra mejilla, perdona. Perdonar por nada es una entelequia, Mario. Uno perdona para poder seguir viviendo. El perdón es la venganza de los pacifistas. El muchacho tiene que asumir que lo único que tiene es su aprendizaje. ¿Y qué ha aprendido? Nada. Nuestro héroe solo camina y habla por teléfono.

Mira, padre, yo qué quieres que te diga, yo no me creo que me haya hecho esto porque sí. Llevamos toda la vida siendo amigos, ha entrado en casa y yo conozco a su familia.

Es un hijo de la gran puta.

No me ayuda nada que me digas esto.

Luego dirá que claro, como se ha roto su pareja y la tuya pues ellos se han visto y se han enamorado, ya verás. Es lo mismo que pasa siempre.

Que no, ya verás que no.

Al tiempo.

Es curioso, Mario, que nuestro héroe que lleva huyendo de sus raíces desde el principio de la obra sea a sus raíces a las primeras personas que acude para solucionar su dolor. El héroe, que siempre deseó ser un hombre bueno y listo piensa que lo mejor y lo más inteligente es ir al núcleo del problema.

RON, estaba nervioso porque nos viéramos. Creía que no querrías verme.

> *Nosotros llevamos juntos muchos años, Yago. Dijimos que una mujer no iba a separarnos.*

Yo no querría.

> *Tranquilo, nos mantendremos a flote. Yo necesito un poco de tiempo, eso sí. Podemos seguir quedando nosotros, pero necesito saber una cosa. ¿Por qué me has hecho esto?*

No ha sido pensado. Lo que yo sentía era evidente pero no quería tener una relación. Ya te lo dije, necesitaba un cambio. Solo que cuando...pasó, tú no estabas. Yo sé que necesitabas tu tiempo, pero no estabas y yo caí en un pozo y la única que estaba conmigo era ella. Nos apoyamos el uno en el otro. Tú no estabas.

> *Lo siento.*

No pasa nada. Es normal. De todas formas, tampoco es nada serio. Hace poco estuve en el pueblo, eran fiestas y no veas cómo me lo pasé. Volver con esta edad y esta experiencia ayuda mucho con las tías. He follado más en el último mes que en los últimos diez años.

A mí también me va bien.

Muy bien, Mario, esto es lo que nos pasa por elegir un héroe de una generación como la nuestra, exenta del dolor y los traumas. Una generación que cuando algo se rompe, hay sustituto. Que cuando una mascota se muere, se ha escapado. Que cuando un abuelo se muere, se ha ido. Una generación capaz de comer mierda para evitar vivir la traición. Una generación que elige lo de "no importa, hay muchos peces en el mar" pero no sabe pescar. Perdón, me enervo. Me enfado. ¿Qué puta mierda estamos contando, tío? Hay mil problemas en el mundo y nosotros hablando de un biencomido que el único problema que tiene es que no sabe gestionar sus emociones. ¿Y qué? ¿Qué nos importa a nosotros esto? ¿Dónde está la historia inclusiva, con una enfermedad rara? ¿Dónde está el atraco? ¿Qué le pasa a nuestro héroe? ¿Tú sabes cómo se solucionaría esto en el siglo de oro, ¿no? ¿Me has robado a la novia? Te mato. ¿Y Tarantino? Coge una pistola y lo mata. ¿Clint Eastwood tú crees que le hubiera dicho lo siento al villano de la historia? La ficción es más sencilla que la realidad y nosotros hemos dicho que hay que crear ficción. Carguen las armas caballeros.

Nuestro héroe y su heraldo están espalda con espalda. Diez pasos los separan del duelo. Uno, dos, tres. El heraldo vuelve la cabeza para medir las distancias. Cuatro, cinco. El héroe respira profundamente. Seis, siete. Su número favorito. Ocho. La pregunta es, ¿quieren disparar a matar o solo herir al contrincante? Según el viaje del héroe es bueno dar un golpe certero para no volver a enfrentarse al monstruo. Nueve. Ha llegado el momento. Solo tienen una bala cada uno.

(Suena un disparo)

RON, si no eres capaz de aceptar mi nueva relación, no podemos seguir siendo amigos.

Diez.

(Suena otro disparo)

El héroe se toca el pecho justo debajo del esternón. Comprueba que no hay sangre, porque si finalmente nos decidimos por hacer una obra de teatro, la sangre queda muy falsa. No, no hay sangre pero sí picor, una quemazón en la boca del estómago. El héroe, como en las buenas obras de teatro ahora tendría que decir un monólogo.

Estoy bien, estoy bien. La herida no ha tocado órganos vitales y cerrará. Lo importante es que cierre sana. Nunca me habían disparado. Es como si la vida entera pasara por delante de tus ojos. ¿Qué es eso? ¿Es sangre? ¿Le he dado? Nunca había matado a nadie. Es raro, me siento bien. No quería dar a matar, de verdad, no soy un asesino. Ha sido en defensa propia. ¿Qué hago ahora? ¿Dónde tengo que ir?

¿Dónde va uno cuando la vida empieza si no puede volver al origen? Si vuelvo a casa ¿con quién tengo que enfrentarme? Con el recuerdo. Algo allí me llama pero sé que no puedo volver con las manos vacías. He aprendido que cuando la gente se va solo queda uno mismo. Y es ese con el que tengo que estar en paz antes de volver, con el que no tiene un apodo ni una identidad distinta a la del niño que quería encontrar su sitio. Es con ese niño con quien tengo que llevarme bien. Desde hoy ya no seré el RON nunca más. Desde hoy soy yo y me convertiré en mí mismo.

Undécima etapa: LA RESURRECCIÓN

Nos hemos empeñado en no decir el nombre ¿no? Pues nada. Estoy cagado, Mario. Está llegando el final y no tengo ni idea de cómo terminar esta historia. No podemos caer en la típica escena donde el héroe se ha equivocado y le dicen "oye tú, rectifica, demuestra que eres un hombre" y el héroe rectifica y ya estaría listo. No, tienen que verlo. ¿Te acuerdas que te dije que no iba a hablar más de Simba? Muy bien, pues cuando Simba decide volver a casa, a ocupar su lugar, no solo es necesario que corra por la sabana con una música preciosa, sino que cuando llegue tiene que demostrar que es él, que ha cambiado y que está listo para ocupar su lugar. Él héroe no puede simplemente volver. Tiene que volver por y con algo. Supongamos que un día, el héroe recibe una llamada muy temprano.

¿Qué pasa, Padre? ¿Se ha muerto la abuela?

Él héroe, si esto fuera una película antigua, montaría en su caballo y correría a toda hostia hasta su aldea. Por el camino saltaría unos lagos y cruzaría unos puentes. Nuestro héroe se monta en el tren y, mientras está solo, el disparo le duele. El héroe ha cambiado pero no del todo, ahora lleva una mano en el corazón, tapando el agujero del disparo. El héroe se da que ha llegado cuando respira hondo y sí, huele a sal. Es su aldea, pero está triste y oscura. El héroe, nuestro protagonista, llega al entierro y allí ve a su familia, alegrándose de verlo, alegrándose entre toda esa tristeza de que estén juntos.

Vuelvo mañana mismo, tengo que trabajar. Me han dado el día, pero mañana tengo que estar allí. Hay mucha gente dependiendo de mí ahora mismo.

¿Qué te pasa en el pecho?

Nada, nada. Es solo que a veces, me duele la cicatriz. Me pica.

Si pica es que está sanando. ¿Por qué no te quedas unos días, hijo? ¿O vuelves el fin de semana? A tu padre le va a sentar bien que estés aquí.

No sé si voy a poder. Lo intento, ¿vale?

Este tipo es imbécil, en cambio, no se puede decir que sea tonto. Se ha dado cuenta de algo muy importante, Mario. Se ha dado cuenta que del lugar de donde viene la gente sí sabía hablar. Es nuestro héroe quien ha empezado a entender, Mario.

Yo sé que no quieres irte muy cargado, pero he hecho comida. Está congelada, si te la quieres llevar.

Mamá...

Ya lo sé, ya lo sé. No pasa nada, hijo.

Vale. Prepara una neverita, pero que no sea mucha, por favor.

¿Cómo estás de la herida?

Mejor.

A través de la ventanilla, nuestro héroe se despide de su familia. El cosquilleo de la bala le pica cada vez más. Cuando el tren arranca el héroe se da cuenta que se está marchando otra vez y que esta aldea sigue siendo su casa porque ahí están sus primeros recuerdos. Ahí siguen sus miedos y ahí está su familia. Ahí tendrá que enfrentarse a los peores momentos de su vida y cuando eso suceda, este lugar ya no tendrá sentido. Entonces no será de ningún sitio y su historia servirá como ejemplo de cualquier historia. Cuando su familia no esté, el héroe, dejará de poder volver a casa. Y entonces tendrá que hacer algo por solucionarlo. Volver, antes de que sea tarde para irse para siempre.

Vamos a suponer, Mario, que no estamos haciendo una comedia. Vamos a suponer, Mario, que se nos está yendo un poco de madre lo del viaje del héroe. Y vamos a suponer también, Mario, que estamos intentando que la vida de este tipo suceda de una manera lógica. ¡Y la vida no es lógica! Si queremos contar la verdad, tenemos que ser ilógicos. Tenemos a un personaje que...

Déjame que lo cuente a mí, que esto va a ser difícil narrarlo. Supongamos que estoy hablando por teléfono. Acabo de llegar del pueblo y estoy deshaciendo la maleta.

Pues ya tú sabes cómo es mi madre, he tenido que traerme comida. Sí. Todo planchado. Todo con olor a mi casa. Los he visto viejos, ¿sabes? Es la primera vez que me pasa. Será por lo de mi abuela, pero ya no los he visto jóvenes. Viejos no, si quieres, pero jóvenes tampoco. No sé, ya vienen de vuelta y ahora mi hermano también se va de casa. Están tristes, los pobres. Sí, bueno, bien. Es una pena la verdad, la vida se va de un día para otro y no te das cuenta. Gracias por llamar. Nada, deshaciendo la maleta.

(Al doblar un pantalón, una tarjeta se cae)

Venga, hacemos por vernos mañana que yo esta noche he quedado. Sí, sí, la cosa va para delante. Nos gustamos mucho, pero es pronto para vivir juntos. Hasta mañana, anda.

(Recoge la tarjeta) ¿Qué es esto? Poco a poco empecé a respirar mal. La respiración se me alteraba y el corazón me latía muy fuerte. Todo me temblaba y empecé a perder visión.

Me hormigueaban las orejas y las manos. En ese momento, justo antes de caer, vi una cara. Lo siguiente que recuerdo es en el hospital.

Me desperté y allí estaba ese representante musical. No sabía cómo había llegado hasta ahí y solo que quería que se fuera.

> *Me han llamado a mí porque te encontraron con mi tarjeta en la mano. Me alegro que no la hayas perdido. ¿Qué? ¿Quieres que te lleve un nivel más allá? Siempre hay un sitio más lejos donde ir. Puedo acompañarte a donde me pidas.*

Quiero volver a casa.

> *Eso sí que no puedo hacerlo. Ese lugar ya no existe y tú no eres el niño que salió de allí.*

Sí existe. Vengo de estar ahí.

> *Llevas toda la vida renegando del lugar de donde eres. Te has avergonzado de quién eres, de quienes son tus antepasados, de que quiere el mundo de ti. Lo lamento, no puedes volver a un sitio que no conoces y que has borrado.*

No puede ser. No puedo borrar las raíces. No pueden borrarse.

En el hospital le han dado droga de la buena, de la legal, y lo han puesto a mirar para dentro y a hablar con el subconsciente. En realidad, no sabe que a su lado está su gente, los aliados que ha ido haciendo a lo largo del viaje. Están todos, algunos físicamente y otros no, pero todos los que han pasado por su vida están ahí, en sus acciones, en sus aprendizajes y en sus miedos. El héroe se ha dado cuenta que sus miedos y sus mierdas son a la vez las mierdas y los miedos de casi todos y con ello, resucita.

Duodécima etapa: EL RETORNO CON EL ELIXIR

Y cuando resucita ¿qué pasa, Mario? Simba aprendió que tenía que asumir sus responsabilidades y ser rey. ¿Qué es lo que aprende nuestro héroe? Yo creo que cuando se recupera, lo primero que hace es salir a caminar y como estamos haciendo ficción, caminará mucho tiempo. Meses. Por el camino, con su guitarra a cuestas, tendrá tiempo para descubrir quién es y hacia donde está volviendo. A pocos días de llegar a su destino, cuando casi no le queda agua, se cruza con un niño pequeño. Tiene unos once años.

¿Dónde vas tan solo?

Me voy de casa. Estoy buscando un nuevo mundo.

¿De dónde eres?

No importa. Tengo que encontrar mi hueco, mi metro cuadrado donde sentirse libre. Me lo ha dicho un profesor. ¿Entiendes lo que quiero decir?

Por supuesto.

¿Y tú?

Yo estoy volviendo.

¿Para quedarte?

No lo creo. Vuelvo para reencontrarme, abonarme un poco y seguir creciendo.

¿Te sientes identificado con el sitio a donde vuelves?

A días.

¿Tienes un poco de agua? Me muero de sed.

No. Seguro que eres capaz de encontrar la que necesites.

Nuestro héroe cruza las fronteras de su pueblo. Su halo, proveniente del mundo especial, llama la atención tanto que sus paisanos vuelven a no hablar. Él, entra en casa. Su casa, cerca del mar, el origen y el final de toda su historia. En este pueblo, como siempre, hace calor. Son fiestas y este año, como todos los años, han invitado a un artista especial para que haga algo extraordinario. El chaval, acude entre las miradas de todos. Su pasado lo está mirando mientras él se sienta entre el público para disfrutar de las fiestas. Una vez más, el invitado no ha venido. Como pasó hace más de quince años, y siendo recordado por todos, las miradas de los vecinos de esta aldea extraña enfocan en nuestro héroe. El concejal de fiestas, ese tipo alto que no sabe hablar, sale de nuevo al escenario y niega con la cabeza. Nuestro héroe se levanta y con un impulso extraño, siente que tiene el deber de hablar. Hay algo que tiene que decir. La cicatriz de su pecho le duele y le pica. Con la mano en el pecho entre el silencio de sus observadores, toma la palabra.

Hola a todos. Hace muchos años que me marché de aquí. Estoy listo para volver y entender por qué no podéis hablar. Me he dado cuenta que a veces yo tampoco puedo. A veces quiero decir te quiero y digo ¿por qué no me quieres? A veces quiero decir tengo miedo y digo "no hay miedo a nada". A veces, la mayoría de las veces no sé qué hacer para seguir vivo y encontrar un sentido. He aprendido algunas cosas y la más importante que he aprendido es que nada puede enseñarse. He aprendido que soy una mota de polvo en un almacén antiguo, donde lo importante no es el polvo si no el almacén. No quiero enseñaros nada, solo venir a decir que soy un ser humano perdido. Quería volver para comprobar que he nacido y que moriré siendo quien soy. Tengo mucho miedo a la muerte. La muerte es el final de todo lo que nos asusta. Los aplausos dan sentido al final, la matanza da sentido al toreo, la tónica da sentido al final de las canciones y la muerte lo aúna todo, la muerte es justa, nos iguala. Hemos venido a este mundo a perderlo todo y pretender conservar cualquier cosa es un viaje a los infiernos. Es injusto para la vida no considerar la muerte, pero antes de que suceda, antes de no poder volver a casa porque esa casa ya no exista, quiero brindar por mí mismo. Y por lo que soy a ojos de otros. Brindo por todo aquello que no puedo controlar. Brindo por todo lo que soy. Brindo por todos esos otros yo que se han desdoblado tomando decisiones y que están viviendo otras vidas. Brindo por todos los personajes que han aparecido en este viaje, tan necesarios para ser como soy como la muerte. He creído que mis problemas son únicos en el mundo y saber que no, ver a través de las historias que no, me hace tener menos miedo. Brindo por mi generación, que se está dejando la piel por encontrarle sentido a la vida. Brindo porque aprendamos a compartir nuestras mierdas. Nuestro futuro será mejor si dejamos de respondernos cualquier cosa y empezamos a preguntarnos de verdad. Gracias por darme un sitio a donde volver. Salud.

EPÍLOGO

Mario. Mario. ¿Estás dormido? Mario, ¿Dónde te has quedado? Hemos llegado al final. El ciclo de la vida. ¿Crees que lo que hemos contado tiene algún sentido? Lo mismo no ¿eh? Lo mismo esto de volver a casa es una idea que tengo yo y nadie más. Menos mal que hemos dicho de no hacer autoficción, sino a ver cómo hacemos esto por los pueblos. Cada sitio es distinto, ¿no Mario? *(Mario le entrega un papel)* ¿Qué es esto? ¿Lo leo?

Vuelvo con la esperanza abrumadora
y los fantasmas que llevé conmigo
y el arrabal de todos y el amigo
que estaba y no está ahora

todos estamos rotos pero enteros
diezmados por perdones y resabios
un poco más gastados y más sabios
más viejos y sinceros

vuelvo sin duelo y ha llovido tanto
en mi ausencia en mis calles en mi mundo
que me pierdo en los nombres y confundo
la lluvia con el llanto

vuelvo / quiero creer que estoy volviendo
con mi peor y mi mejor historia
conozco este camino de memoria
pero igual me sorprendo.[1]

Pues habrá que ponerse a escribir que se me ha ocurrido un nombre.

TELÓN.

---

1 Mario Benedetti. *Quiero creer que estoy volviendo.*

ESTO NO ES UN EPÍLOGO (ES UN ORÁCULO*)

Sara Núñez de Arenas

En SAL hay 355 preguntas.
A veces hace falta hacerse la pregunta correcta.
A veces hace falta una pizca de sal.
Piensa un número del 1 al 355.
Piensa en algo que te tenga dando vueltas.
Encuentra la pregunta que necesitas hacerte.
Háztela.
¿no?

1 ¿Al final que es lo que quiere?
2 ¿y si ese sitio no existe?
3 ¿Y si el sitio donde yo quiero estar no me da la gana de contarlo en el teatro?
4 ¿Estamos?
5 ¿De dónde viene este tipo?
6 ¿te acuerdas?
7 ¿qué?
8 ¿Qué te parece?
9 ¿no?
10 ¿Te imaginas?
11 ¿no?
12 ¿Y tú?
13 ¿Cómo se llama el protagonista?
14 ¿La canción es tuya?
15 ¿no?
16 ¿Sabes lo que pasa?
17 ¿No hablan porque no tienen voz?
18 ¿Por qué no han aprendido?
19 ¿Hablan cuando están en su casa?

20 ¿no?

21 *¿Y por qué se ha ido el abuelo?*

22 *¿Qué es muerto?*

23 *¿Te apuntas?*

24 ¿A rezarle?

25 ¿Qué va a rechazar el muchacho?

26 ¿Al representante musical o a la muerte?

27 ¿Se puede rechazar a la muerte?

28 ¿no?

29 ¿Qué te parece esto?

30 *¿Qué hay antes de Dios?*

31 *¿Y por qué le cantamos canciones?*

32 *¿Tú has ido a ayudar a los niños negritos no, hermano?*

33 *¿Y no te gustó ninguna mujer?*

34 *¿Qué significa "crápula"?*

35 *¿Cómo?*

36 *¿Dónde has visto eso?*

37 *¿Te apuntas al coro?*

38 *¿Lo entiendes?*

39 *¿Te la sabes?*

40 *¿has compuesto alguna canción a Dios?*

41 *¿Alguna que sea tuya?*

42 ¿quién está rechazando la llamada?

43 ¿El profesor o el chaval?

44 ¿no?

45 *¿Quieres apuntarte al coro y en el futuro ser alguien como yo?*

46 *¿Quieres escapar y se lo estás confesando a un niño de diez años?*

47 ¿Y entonces ya está rechazada llamada?

48 *¿Sí?*

49 *¿Eso crees?*

50 *¿En qué?*

51 *¿Como yo?*

52 *¿Crees que soy buena persona?*

53 *¿Sabiendo que son malas?*

54 *¿Por qué decidiste hacerte hermano?*

55 *¿Vas a ser siempre hermano?*

56 *¿Quién sabe?*

57 ¿A dónde?

58 ¿Quiere irse porque no es feliz?

59 *¿Seguro que no va a venir nadie?*

60 *¿Y esta cama no hace mucho ruido?*

61 *¿Has escuchado eso?*

62 *¿tú me quieres?*

63 *¿Sabes RON?*

64 *¿Quieres fumar?*

65 *¿no lo ves?*

66 ¿Se ha puesto nervioso por hacerse un agujero?

67 *¿Traes la autorización de tus padres?*

68 *¿Estás bien?*

69 ¿Por UN agujero?

70 ¿En serio?

71 *¿Te gusta?*

72 *¿Eso es un pendiente?*

73 *¿No lo ves?*

74 *¿Y tú nuevo yo tiene esa pinta?*

75 *¿El pendientito y las greñitas?*

76 *¿Tienes hecha la maleta?*

77 *¿Y llegas a esta hora?*

78 *¿Qué pasa?*

79 *¿Qué es esto?*

80 *¿Bebes mucho?*

81 *¿pero por qué no se dicen te quiero?*

82 *¿Por qué no podemos utilizar la ficción para que un padre y un hijo se digan que se quieren sin que tenga que ser en el lecho de muerte?*

83 *¿Dónde está el mentor?*

84 *¿Quién es el mentor entonces?*

85 *¿en qué se diferencia del anterior?*

86 *¿Y sus amigos?*

87 *¿Le ayudarán en esta aventura?*

88 *¿Es uno de esos amigos los que le ha otorgado la nueva identidad?*
89 *¿Para qué quiere el chico protección?*
90 *¿No se supone que es de lo que huye?*
91 *¿No?*
92 *¿quién es esta gente?*
93 *¿Todos estos son personajes secundarios, Mario?*
94 *¿Y por qué te dicen el RON?*
95 *¿Quieres otra copa?*
96 *¿De dónde eres tú?*
97 *¿Filosofía porque le gusta?*
98 *¿Quieres una copa más?*
99 *¿te vienes?*
100 *¿Y dónde está?*
101 *¿Vienes tú también?*
102 *¿Qué hora es?*
103 *¿O sí?*
104 *¿Vendrás seguro?*
105 *¿Ella es Caronte?*
106 *¿Qué quiere este tío?*
107 *¿Qué clase de persona es esta si ante la posibilidad de ser libre SE CAGA?*
108 *¿Cuáles son las espinas?*
109 *¿Quién es esta?*
110 *¿Es otra guardiana?*
111 *¿Dónde vas tan solo?*
112 *¿no?*
113 *¿De qué corte inglés?*
114 *¿Hay más de uno?*
115 *¿no?*
116 *¿Qué edad tienes?*
117 *¿Quieres que nos tomemos algo?*
118 *¿Sabéis qué pasa?*
119 *¿Queréis que lo cuente yo?*
120 *¿Queréis que cuente como fue la primera que pensé que me moría?*

121 *¿Con qué carajo de derecho os creéis?*
122 *¿No contestas?*
123 *¿no?*
124 *¿No contestas?*
125 *¿Quién coño te crees tú para escribir nada sobre nadie?*
126 *¿Quién coño te crees tú para decirle a cualquier otro como tiene que comportarse?*
127 *¿Tú?*
128 *¿Quién eres tú?*
129 *¿Qué pasa?*
130 *¿Qué clase de viaje es este?*
131 *¿Hola?*
132 *¿ahí?*
133 *¿qué?*
134 *¿Qué ha pasado con el dinero?*
135 *¿Dónde está?*
136 *¿Cuáles son esos gastos?*
137 *¿Me quieres dejar en paz, padre?*
138 *¿Tú ves por qué no quiero venir a casa?*
139 *¿Pero por qué lloras?*
140 *¿Qué he hecho?*
141 *¿qué aprende el héroe?*
142 *¿Qué se aprenden en esos años?*
143 *¿Qué haces aquí?*
144 *¿Estás bien?*
145 *¿Por qué vienes sin avisar?*
146 *¿Qué pasa?*
147 *¿Qué pasa?*
148 *¿Qué pasa?*
149 *¿Sabes qué pasa?*
150 *¿No querías contar ficción?*
151 *¿qué hacemos?*
152 *¿Metemos cosas en la función que luego no podamos representar?*
153 *¿Por qué tenemos que contar la vida de nuestra época?*
154 *¿Tocas algún instrumento?*

155 *¿Tienes miedo a quedar calvo?*
156 *¿Sientes que vives a salvo?*
157 *¿Crees que me huele el aliento?*
158 *¿Tocas algún instrumento?*
159 *¿Tocas bien?*
160 *¿Cómo?*
161 *¿Ahora rima?*
162 *¿Qué pasa con ese amigo, Yago?*
163 *¿Sabe lo que tiene que hacer cuando tiene delante a otras leonas?*
164 *¿Qué meollo te parece más gordo que una posible historia de amor?*
165 *¿en serio?*
166 *¿Te apuntas o tienes planes?*
167 *¿Has bajado ya a sus faldas?*
168 *¿Has besado a su sonrisa?*
169 *¿Su mano tocó tu espalda?*
170 *¿Quién se estará enamorando?*
171 *¿Es para mí?*
172 *¿eh?*
173 *¿no?*
174 *¿Y su novia eres tú?*
175 *¿Entonces qué hacemos aquí?*
176 *¿Y si en lugar de una obra de teatro hacemos una película?*
177 *¿Sabes por qué te lo digo?*
178 *¿Y sabes que estudié filosofía?*
179 *¿sabes?*
180 *¿El deseo es la verdadera esencia del hombre?*
181 *¿En serio?*
182 *¿En serio nos viene tan bien Spinoza?*
183 *¿Qué piensas tú?*
184 *¿Estás bien?*
185 *¿Quieres un cigarro?*
186 *¿Sabes que además de hablar, sé estar en silencio?*
187 *¿Qué es lo que quiere?*

188 *¿Acostarse con Abril?*
189 *¿Disfrutaste?*
190 *¿Por qué?*
191 *¿De qué tienes miedo?*
192 *¿Pero qué es lo que te agobia?*
193 *¿Qué es lo que lo agobia Mario?*
194 *¿Sabes qué pasa?*
195 *¿me estoy explicando?*
196 *¿Por qué me miras así?*
197 *¿Así cómo?*
198 *¿Qué hay en ese infinito?*
199 *¿Qué te pasa?*
200 *¿Por qué me miras así?*
201 *¿sabes?*
202 *¿Me llevas a casa, por favor?*
203 *¿Cómo podría ser esa hostia?*
204 *¿qué le pasa al protagonista?*
205 *¿estás enamorada?*
206 *¿no?*
207 *¿Te acuerdas de mí?*
208 *¿sigues dándole a la guitarra?*
209 *¿conservas mi tarjeta?*
210 *¿El cazatalentos?*
211 *¿El cazatalentos?*
212 *¿Y qué pasa con ella?*
213 *¿Está Abril?*
214 *¿Ah, también?*
215 *¿Y dónde?*
216 *¿a qué tiene que enfrentarse nuestro héroe?*
217 *¿Y qué?*
218 *¿Qué peligro tiene eso?*
219 *¿Qué le ocurre a esta ciudad nueva?*
220 *¿Te imaginas?*
221 *¿Qué ocurre cuando un personaje que está a punto de entrar en su odisea, se encuentra con otro a punto de rechazar la llamada?*

222 *¿Es eso?*
223 *¿Qué te pongo a ti?*
224 *¿Qué le pongo caballero?*
225 *¿Dónde vas tan sola?*
226 *¿Te has perdido?*
227 *¿tú eres imbécil, o qué?*
228 *¿Quieres que nos tomemos algo?*
229 *¿Otra vez tú aquí?*
230 *¿Quieres que nos tomemos algo?*
231 *¿Te apetece que nos conozcamos?*
232 *¿Nos damos un paseo?*
233 *¿Tomamos algo?*
234 *¿Has pagado tú la cena o ella?*
235 *¿Qué haces con ella?*
236 *¿Entonces la dejo?*
237 *¿Te vas?*
238 *¿No habíamos dicho de renovar un año más?*
239 *¿Esto no ha pasado antes?*
240 *¿Quieres que nos vayamos a vivir juntos?*
241 *¿Es esta la ODISEA, Mario?*
242 *¿Eso es que me vas a dejar en cualquier momento?*
243 *¿Me entiendes?*
244 *¿no?*
245 *¿Qué pasa, qué sorpresa?*
246 *¿ya te has enterado?*
247 *¿Por qué no te vienes a casa y así...?*
248 *¿Me mandas ahora la dirección?*
249 *¿Quién era?*
250 *¿La que fue tu novia?*
251 *¿Te preocupa que quede con ella?*
252 *¿Y eso qué quiere decir?*
253 *¿Ah sí?*
254 *¿quién lo diría?*
255 *¿qué quieres que te diga?*
256 *¿Tú y yo?*
257 *¿Eso lo tienes claro?*

258 *¿qué tal?*
259 *¿Sabes?*
260 *¿no te das cuenta?*
261 *¿Tiene que ser cuando tú quieras?*
262 *¿No?*
263 *¿Tú novio sabe esto?*
264 *¿Te vienes?*
265 *¿Quién es "esta gente", Mario?*
266 *¿Pero qué?*
267 *¿Un cambio cómo?*
268 *¿De trabajo?*
269 *¿Qué les pasa a las parejas cuando notan que se están distanciando, Mario?*
270 *¿Tenemos que meternos en ese embolado?*
271 *¿Hablamos de cómo unos jóvenes le arruinan la vida a una criatura por puro aburrimiento?*
272 *¿Te parece?*
273 *¿Estás bien?*
274 *¿no te parece?*
275 *¿No huele raro?*
276 *¿A qué huele?*
277 *¿Estás acostada ya?*
278 *¿Has cenado?*
279 *¿Estás bien?*
280 *¿Te pasa algo?*
281 *¿Estás bien?*
282 *¿Esta historia no iba de un chaval que salía de su pueblo para encontrar su lugar?*
283 *¿Por qué le hacemos esto?*
284 *¿no, Mario?*
285 *¿quién está a su lado?*
286 *¿Me das uno?*
287 *¿Cómo estás?*
288 *¿Has hablado en él o con ella?*
289 *¿Has llorado?*
290 *¿Sabes que me tienes aquí?*

291 *¿Qué pasa cuando los héroes se niegan a aprender lo que sus historias les ofrecen?*
292 *¿no?*
293 *¿Dónde está el altavoz en esta casa?*
294 *¿No tienen un altavoz para la cocina?*
295 *¿en qué caja está?*
296 *¿No huele a quemado?*
297 *¿NO hay un puto altavoz en esta casa?*
298 *¿Hueles eso?*
299 *¿Qué es lo que pone este tipo en el contrato de arrendamiento?*
300 *¿De una parte "Héroe" en adelante el ARRENDATARIO?*
301 *¿Dónde regresa?*
302 *¿Tiene un sitio donde volver?*
303 *¿De qué huye y a dónde huye?*
304 *¿no?*
305 *¿Este tipo no va a llorar o qué le pasa?*
306 *¿Y qué ha aprendido?*
307 *¿Por qué me has hecho esto?*
308 *¿Qué puta mierda estamos contando, tío?*
309 *¿Y qué?*
310 *¿Qué nos importa a nosotros esto?*
311 *¿Dónde está la historia inclusiva, con una enfermedad rara?*
312 *¿Dónde está el atraco?*
313 *¿Qué le pasa a nuestro héroe?*
314 *¿Tú sabes cómo se solucionaría esto en el siglo de oro, ¿no?*
315 *¿Me has robado a la novia?*
316 *¿Y Tarantino?*
317 *¿Clint Eastwood tú crees que le hubiera dicho lo siento al villano de la historia?*
318 *¿quieren disparar a matar o solo herir al contrincante?*
319 *¿Qué es eso?*
320 *¿Es sangre?*
321 *¿Le he dado?*

322 *¿Qué hago ahora?*
323 *¿Dónde tengo que ir?*
324 *¿Dónde va uno cuando la vida empieza si no puede volver al origen?*
325 *¿con quién tengo que enfrentarme?*
326 *¿no?*
327 *¿Te acuerdas que te dije que no iba a hablar más de Simba?*
328 *¿Qué pasa, Padre?*
329 *¿Se ha muerto la abuela?*
330 *¿Qué te pasa en el pecho?*
331 *¿Por qué no te quedas unos días, hijo?*
332 *¿O vuelves el fin de semana?*
333 *¿vale?*
334 *¿Cómo estás de la herida?*
335 *¿sabes?*
336 *¿Qué es esto?*
337 *¿Qué?*
338 *¿Quieres que te lleve un nivel más allá?*
339 *¿qué pasa, Mario?*
340 *¿Qué es lo que aprende nuestro héroe?*
341 *¿Dónde vas tan solo?*
342 *¿De dónde eres?*
343 *¿Y tú?*
344 *¿Para quedarte?*
345 *¿Te sientes identificado con el sitio a donde vuelves?*
346 *¿Tienes un poco de agua?*
347 *¿por qué no me quieres?*
348 *¿Estás dormido?*
349 *¿Dónde te has quedado?*
350 *¿Crees que lo que hemos contado tiene algún sentido?*
351 *¿eh?*
352 *¿no Mario?*
353 *¿Qué es esto?*
354 *¿Lo leo?*

**El oráculo de preguntas es una idea original de Soraya García, llevada a cabo con amor y paciencia por Sara Núñez de Arenas a partir de las 355 preguntas de José Fernández Valencia ♡*

Jose Fernández

Licenciado en Interpretación en la ESAD de Sevilla. Después de más de dos años de gira con la adaptación teatral de "Los santos inocentes" de Javier Hernández-Simón y Fernando Marías y tras terminar con *Salomé* de Magüi Mira, comienza *El Alcalde de Zalamea* con versión y dirección de José Luis Alonso de Santos. Amplía su formación en la dramaturgia de la mano de Juan Mayorga, Alfonso Zurro, Alberto San Juan o Jose Padilla; experiencia que vuelca en su propia compañía, Hernández & Fernández con la que ha representado "El Pecado Mortal de Madame Campoamor" y "Hemingway. Enviado especial" por la que ha sido galardonado con el Priemio Cinemagavia a Mejor Actor de Teatro. *SAL* es su texto más reciente tras haber estrenado en Madrid *Sexo, seguro; Los Adversarios; La mujer Planchando* y *Los ojos de Martha Gellhorn*, entre otras.